해외한국학교

초등교사가 만나는

중국 역사 문화 이야기 2

김 현 진

교육과학사

| 추천사 |

세계화 시대 새로운 중국 역사와 문화 이해의 나침반

〓 한국사회과교육연구회 회장, 공주대학교 사회교육과 겸임교수 박은종

평소 아끼고 사랑하는 교직 후배인 김현진 선생님께서 '초등교사가 만나는 중국 역사 문화 이야기'를 펴낸 데 이어 그 두 번째 이야기를 세상에 선보이게 되었다. 정말로 축하하고 격려를 드리는 바이다. 김현진 교사와는 한국사회과교육연구회를 매개로 인연을 맺어 벌써 15년 지기가 되었다. 그와의 행복한 동행도 이 시대를 함께 살아가는 데 큰 힘이 되고 있어서 늘 감사한 마음을 갖고 있다.

이번에 김현진 선생님께서 펴낸 '초등교사가 만나는 중국 역사와 문화 이야기'는 세계화 시대를 맞아 한국의 전통적 선린 호혜국이었던 중국의 역사와 문화, 그리고 전통에 대한 새로운 이해와 탐구의 나침반이자 이정표라고 할 수 있다.

사실 중국과 한국은 이웃에 위치하면서 오랜 역사와 문화, 전통을 같이하였고 정치체제는 다르지만 미운 정, 고운 정이 다 든 선린 국가이다. 고조선, 삼한, 삼국, 통일신라, 고려, 조선, 구 한말, 대한민국 등 오랜 역사를 거슬러오면서 숱한 전쟁, 분쟁도 함께 겪어온 사이이다. 하지만, 동북아와 한반도에 위치하면서 떼려야 뗄 수 없는 관계를 맺어온 것도 부인할 수

없는 사실이다. 중국의 동북공정 등 근현대사의 아픔도 공유하고 있는 것도 엄연한 현실이다. 지금도 중국은 공산주의 체제를 유지하면서 한반도의 중요한 6개국 가운데 한 국가이다. 지형학적으로 새로운 한중 관계 설정도 대두되고 있는 실정이기도 하다.

이번에 김현진 선생님께서 펴낸 역저(力著) '초등교사가 만나는 중국 역사와 문화 이야기'는 김 선생님의 4년 간 중국 생활과 중국 교육을 집대성한 내용이다. 중국의 여러 문물을 접하면서 실제 가 보고 경험한 내용과 생각을 정리한 실증 보고서로서의 가치를 갖고 있다. 세계화 시대와 제4차 산업혁명시대를 맞아 미래 대국으로 미국과 자웅을 겨룰 것으로 예견되는 중국 역사와 문화, 전통 등에 대한 새로운 이해와 탐구의 좌표가 되기에 부족함이 없는 양서이다. 교육학자, 교육자, 학부모, 예비교사 등을 비롯한 여러분들의 일독을 권하면서 추천하는 바이다.

〓 경인교육대학교 사회과교육과 교수 이동원

'나'의 중국에 대한 이해 양상은 다층적이다. 한국사 속에서 중국은 정치, 문화, 경제적 측면에서 형제이자 친구였고, 멀리 내쳐야 할 적이었다. 또 한편으로는 광활한 영토와 그 속의 다양한 민족의 문화를 '중화'라는 자신감으로 승화시킴은 물론

G2로서 세계의 경제, 군사, 외교를 자신들의 논리로 이끌어가는 모습에서는 부러움과 함께 오만함도 느낀다. 이런 다층적인 대상을 편견 없이 이해하기 위해서는 이에 대한 종횡적 검증과 판단 유보의 노력이 필요하다. 이러한 대상에 대한 종횡적 검증은 다양한 시각과 방법을 통해 드러낸 근거 있는 편견을 경험하는 것이다. 여행에서 출발해 현지의 삶 속에서, 초등교육 속에서 중국을 이해하려 노력한 이 책은 우리의 중국에 대한 두텁고 새로운 관점 속에서의 종횡적 검증과 판단 유보에 도움을 줄 수 있다. 그 결과가 애정 어린 '이해'일지, 신중한 '경계의 눈'일지가 기대된다.

= 교육부 교육과정 정책관 함영기

낯선 곳을 여행하며 타인과 만나 나누는 대화는 그 자체로 훌륭한 교육적 경험이다. 저자는 누구나 한번 가보았지만, 쉽게 설명하기 힘든 이웃 나라 중국의 일상, 역사, 교육 이야기를 본 느낌 그대로 적고 있다. 여행자로서, 교사로서 체험한 중국의 이야기는 생생하고 구체적이다. 모든 문장은 마치 현지 가이드가 여행객에게 친절하게 설명해주는 듯하다. 국제학교에 근무하기를 희망하는 교사들은 물론 최근 중국 상황이 궁금한 독자들에게도 반가운 정보가 될 것이다. 두루 읽히기를 바란다.

| 프롤로그 |

여행을 뜻하는 영어 단어 트래블(travel)의 어원은 'travail'이라고 한다. 이 단어는 고통, 고난과 그 기원을 함께한다는 뜻이다. 여행을 한다는 것은 고통을 겪게 된다는 것이다. 어찌 보면 기억에 오래 남는 여행은 고생을 많이 한 여행이기도 하다. 그래서 여행 하는 것을 '사서 고생'한다고 하기도 한다. 동양의 어원은 주나라의 주역에서 관국지광(观国之光)에서 유래된 말로 다른 지역의 빛을, 문화, 자연, 풍습, 음식 등을 본다는 의미라고도 한다. 아름다운 나라라는 노래로 유명한 신문희 교수님은 페이스 북에서 이렇게도 말씀하셨다. 역사가 긴 나라를 여행하는 것은 여러 면에서 매우 흥미로운 일이다. 엊그제 내 위 속에 뭘 집어 넣었는지도 가물가물한 판에 나와 전혀 다른 시대, 장소, 상황에서 살았던 수천 년 전의 사람들의 삶을 느껴볼 수 있다니! 모든 역사에는 세 가지 관점이 있다. 나의 관점, 타인의 관점, 그리고 진실. 역사책을 통해 타인의 관점을 배우고, 여행을 통해 나의 관점을 알게 되며 그렇게 역사의 당사자들만 알고 있는 진실에 다가가 본다. 평균수명 30~35세를 살고 간 이집트 사람들. 그 짧은 생을 눈부시게 살아내고 몇 천 년이 지난 지금의 내게도 자신의 이름을 알려주는 멋진 인간들! 과학은 놀랍게 발전했으나 인간은 되려 퇴보한 것이 아닐까.

나와 내 가족이 지금 살고 있으며 여행하고 있는 곳은 중국 한복판에 위치하고 있는 도시 중 하나이다. 초등교사로서 기회가 되어 재외한국학교에 근무하게 되었고 이곳에서 소중한 일상을 보내고 있다. 2년차부터 코로나로 인해 좋지 않은 상황이지만 지난 기록 1편(베이징, 지난, 선양, 톈진, 산하이관, 난징, 상하이, 시안, 충칭)에 이어 중국의 도시를 경험하면서 드는 느낌들을 기록으로 남기고 싶은 욕심을 부려 보았다. 코로나의 근원지인 중국! 어느새 자신이 근원지가 아니라고도 뻔뻔함을 보이는 중국! 볼수록 신기한 나라이다. 그런데 그 단점들이 매력으로 다가오는 부분들이 있다. 그래서 신기하다. 이런 특이한 점들을 누군가가 정말 잘 표현한 부분이 있어 이곳에 남겨본다. 중국이 좋아 미칠 것 같았던 적이 있다. 물건이든 사람이든 지나치게 상향평준화, 과대 포장 되어 있다고 느껴졌던 한국과 달리 싸구려는 진짜 싸구려로, 고급진 것은 정말 고급진 것으로 각자의 존재가 확실한 중국이 나는 마음에 들었다. 작은 식당은 물론이거니와 허름한 식당에서 마저도 직접 면을 만들고 만두를 빚는 그 생활에의 집중이 좋아보였다.

20세기와 21세기가 공존하는 중국은 IT 산업이 우리가 생각한 이상으로 발달해 있어 일반인들의 일상 생활 곳곳에서 손쉽게 활용이 되고 있다. 중국의 대표 IT 기업 'BAT'에는 검색 포털 사이트인 '바이두(Baidu)', 인터넷 쇼핑몰 '알리바바(Alibaba)', 위챗 메신저를 활용해 영역을 확장해 나가는 '텐센트(Tencetnt)' 등이 있다. 우리나라의 NAVER나 Daum과 같이 중국 사람들 대다수가 검색엔진으로 바이두를 활용한다. 바이두(百度)를 별 생각 없이 사용했었는데 그 이름이 중국 고전 시를 참고하여 지었다고 한다.

众里寻她千百度 사람들 속에서 그녀를 천백 번을 찾다가
募然回首 불현듯 고개를 돌려보니
那人却在灯火阑珊处 그녀가 등불 아래 있더라.

이 시조는 그녀를 찾기 위해 군중 속에서 천백 번을 찾아보다가 우연히 고개를 돌려 그녀를 찾았다는 내용이다. 사람들이 알고 싶어하는 정보는 천백 번을 찾아서라도 알려주겠다는 검색엔진으로써의 바이두의 목표를 전통적인 한시를 활용해 나타내고 그 이름을 지었다는 것에서 이들의 우수한 문화와 풍류를 생각해 보게 한다.

중국에서 살고 여행을 하다보니 너무 중국에 취해 있다고 생각할지 모르겠다. 유홍준 교수님의 나의 문화유산답사기에서는 중국의 문화유산을 볼 때는 항시 그때 우리나라의 역사적 상황과 이에 연관된 우리의 유물유적이 오버랩된다고 이야기하였다. 그리고 중국 문화유산을 깊이 보면 볼수록 우리 문화의 진정한 가치와 자랑이 새삼 일어나게 된다고 하였다. 우리가 잘못 알고 있고 생소하기도 하고 다소 이해가 가지 않는 부분들도 매우 많지만 항상 옆에 있어 불가분의 관계일 수밖에 없는 이웃 나라 중국을 바르게 이해하길 바라는 마음으로 이 글을 적어보게 되었다. 무엇보다 대국으로 발전해가는 중국과의 관계 속에 나의 사랑하는 조국 대한민국이 조금 더 우뚝 서길 바라는 마음이 이 글 곳곳에서 전해지길 바란다.

2022. 8. 31
중국 다롄 개발구에서

차 례

1장
우리 조상들의 본고장 단둥(丹东)

신의주 건너편 단둥

코로나19 전염병으로 중국뿐 아니라 전 세계가 아우성이다. 코로나 블루라고 했던가? 올해는 주말뿐 아니라 연휴를 이렇게 집에서 보내는 경우가 많다.

단둥 위치

그러다 보니 사람들의 마음이 조금은 무겁고 작은 일에도 예민해지는 경우가 있다. 코로나의 본거지인 중국은 다른 나라에 비해 안정세를 이루고 있으며 시진핑 주석이 대외적으로 코로나 사태 종식을 선언했다. 그럼에도 불구하고 전염병의 특징상 사람들의 마음은 조심스럽다. 중국의 특징상 확진자가 1명이라도 발생하면 그 지역을 봉쇄하고 통제하며 전 시민을 대상으로 핵산검사를 여러 번 실시한다. 다른 지역으로 이동을 할 때는 그 지역에서 요구하는 방역조치를 따르게 된다. 근래는 다소 안정세를 이루어 핵산검사를 하지 않는 경우가 많으며 해당지역의 건강코드를 스캔하면 된다. 초등부 선생님 몇 분과 문화유적 답사를 다녀오려 하는데 지금 상황이 조금은 조심스럽다. 그래서 인근 지역 가까운 편에 속하는 단둥을 다녀오기로 하였다. 내가 있는 다롄에서 고속열차로 2시간 거리에 있어 당일치기로 다녀오기가 쉽다. 서로의 일정들이 맞지가 않아 조정을 하다 보니 출발일 며칠 전에 급하게 표를 끊고 둘러볼 곳 몇 개만을 일정으로 잡아보았다.

단둥역 전경

단둥은 중화인민공화국 랴오닝성(辽宁省)에 있는 도시로, 압록강가에 있으며 강 건너 북한 신의주시와 국경을 접하는 국경도시이기도 하다. 압록강에서 유람선을 타고 강 건너 북한 땅에 최대한 가까이 가 볼 수 있다. 백두산과 함께 북한을 가까이서

접할 수 있는 곳이기에 한국 관광객들이 많이 오는 곳이기도 하다. 고구려 미천왕이 낙랑군과 중국 본토와의 연결고리가 되는 서안평을 공략하여 함락시켰는데, 이 서안평이 현대의 단동시로 추정된다. 원래 작은 마을이었으나 1907년 개항장이 되었고, 3년 후 일본의 대륙진출 문호로서 발전하였다. 옛 이름은 안둥(安東)으로 경상북도 안동시와 한자, 로마자 표기가 같다. 그런데 '동방을 편안하게 하다'라는 '安東'의 뜻이 제국주의를 형상화한다는 이유로 중화인민공화국 수립 후인 1965년 安을 공산주의를 상징하는 색인 붉을 단(丹)자로 바꾸어 개명하였다. 단둥은 북한과 중국을 연결하는 중요한 거점이다. 북한 주민들도 무역 등을 위해 이곳을 수시로 드나들기 때문에 북중관계가 경색됐을 경우 압록강을 건너는 차량통행이 줄어드는 등의 영향을 받으며, 거기서 오고가는 상품, 물자의 종류를 보고 북한의 현재 경제흐름이 어떤지 알 수 있는 지역으로도 손꼽힌다.

단둥역 앞 마오쩌둥 동상

그래서 이 지역에는 한국의 북한 전문가들이 항상 드나들며 교역물자들 종류와 거래량을 체크한다. 북한 시장 내 상품들도 단둥을 거쳐서 수입되는 경우가 많으며, 북한주민들이 단둥에 머무르면서 남한 문물을 접하거나 남한 관광객들과 접촉하는 경우도 있다. 당연히 남북관계가 좋으면 단둥시도 큰 혜택을 보곤 한다. 2018년에 남북관계가 개선됨에 따라 남북정상회담과 북미정상회담이 잇따라 열리자 단둥 지역 부동산 값도 많이 올랐다고 한다. 동북 3성(랴오닝, 지린, 헤이룽장) 지역이 여행 유의인 이유가 치안이 아닌 북한으로 납치될 위험성 때문이다. 중국의 몇 곳 빼곤 마찬가지지만 이곳은 납북 가능성을 제외하면 치안 걱정할 일은 전혀 없다.

단둥역과 압록강 단교

당일치기 일정이라 아침에 서둘러 출발을 해야 한다. 7시 30분 기차 출발 시간이라 한 시간 전쯤 도착해야지만 연휴가 낀 주말이 아니기에 보통 때 보다는 여유 있게 6시 10분쯤 선생님들과 만나 진저우(金州)역으로 향하였다. 보통은 이곳에서 기차를 타게 될 때 1시간 거리의 다롄역이나 다롄북역으로 가는 경우가 많은데 내가 살고 있는 개발구에서 비교적 가까운 곳이라 이번에는 이곳을 이용하게 되었다. 주택가에 위치하고 있는 金州站은 공항과 흡사한 중국의 역 모습과는 다르게 외관적인 모습이 동네의 큰 성당 같은 모습이었다. 휴일 아침 일찍이라 사람들도 붐비지 않아 편하게 스마트 폰으로 예약한 티켓을 수령할 수 있었다. 중국에서 기차를 탈 때에 외국인은 실물표를 수령해서 소지해야 한다. 그런데 기차표를 예매하는 선생님께 여권번호를 잘못 말씀드린 듯하다. 그래서 창구에서 기차표를 발행해주는 역무원이 번호가 잘못되었다고 이야기를 한다. 중국어를 잘 하시는 선생님이 계셔서 설명을 하니 바로 수정을 해서 발급을 해주었다. 사람들로 붐비는 상황에 불친절한 역무원이었다면 이런 경우에 다시 옆 창구에 줄을 서서 취소를 하고 표를 다시 끊어야 하는 경우도 있다. 진저우역은 다른 역과는 다르게 작아서 편의시설이 많지가 않다. 드디어 기차 출발 시간이 다가온다. 코로나로 인해 중국에서는 1년 만에 다른 곳을 가본다. 아침 공기와 함께 나도 모르게 설렘을 느낀다.

압록강 단교 인근

중국에 처음 올 때부터 북한과 접경지역에 대한 궁금증이 많았다. 잘못해서 북한 사람들이 납북을 해가는 경우도 있다고 들었지만 북한 땅을 무엇보다 가깝게 볼 수 있다는 게 매력적이었다. 철책이나 군인들로 즐비한 강화나 휴전선 인근에서 바라보는 북한의 모습이 아닌 사람 사는 모습이 보이는 북한의 모습을 보고 싶었다. 요즘 미중 관계가 좋지 않은데다가 남북 관계까지 좋지 않은 상황에서 북한 접경 지역인 단둥을 간다고 하니 주변에서 거기를 왜 가느냐고 우려를 표하기도 한다. 아침 일찍 일어나 다소 피곤하기도 하고 열차에서 자려고 하였으나 옆에 있는 중국인 할머니께서 손자의 재롱을 보고 계셔서 잠을 자기는 어려운 상황이다.

단둥역 인근 고려거리 입구

선생님들과 이래저래 담소를 나누다 보니 2시간이 흘렀고 단둥역에 도착할 수 있었다. 단둥역에 내리니 중국의 도시와는 다른 접경 지역임을 알 수 있는 한글들이 많이 보인다. 중국의 소수민족이 살고 있는 자치구 지역들에는 한자와 함께 민족어들을 병기하는 경우가 많다. 근래 내몽고지역이나 조선족이 사는 연길 지역에는 중국 정부에서 통일교과서를 통해 민족어보다는 중국어만을 가르치게 하여 자치구 주민들에게 반감을 사고 있다. 개찰구를 통과할 때는 중국인들은 신분증을 스캔하여 통과할 수 있지만 외국인은 역무원이 있는 개찰구로 가서 여권과 함께 열차표를 보여줘야 들어가고 나올 수 있다. 역 밖으로 나와서 생각을 해보니 이곳에서 기차를 다시 타야 하기에 미리 표를 받아 놓는 게 좋을 듯하다. 근데 또 다시 잘못된 여권 번호로 인해 기차표를 받지 못할 상황이다. 진저우역의 친절한 승무원과는 다르게 원칙주의자인 듯한 단둥역 역무원은 취소창구로 가서 취소를 한 후 다시 티켓을 끊으라고 한다. 어쩔 수 없이 그 과정을 거쳤더니 나 혼자 자리가 바뀌었다. 그래도 역에 사람이 많지 않아서 금방 해결할 수 있으니 다행이라는 생각이 든다.

단둥역 광장에는 다른 도시에서는 볼 수 없는 거대한 마오쩌둥 동상이 서 있다. 중국 사람들은 신 중국 건국에 영향을 끼친 마오쩌둥을 쑨원과 함께 국부로 모실 정도이다. 문화대혁명 과정에서 문화재와 주요 시설들이 파괴되고 많은 사람들이 죽어 마오쩌둥에 대한 책임론이 나왔지만 덩샤오핑이 마오쩌둥은 공이 과보다는 많다는 논리로 정리를 하여 논쟁을 마무리 지었다. 하지만 문화대혁명으로 인해 중국의 발전이 더뎠던 것은 분명

한 일이다. 단둥역에서 나와 오른쪽으로 10~15분여 걸어가면 압록강 단교가 나온다. 그 중간에 고려거리와 상점들이 있어 먹거리를 사고 싶은 사람들이라면 잠깐 들러도 괜찮을 것 같다. 사진으로만 보고 말로만 듣던 이곳에 와봤다는 것이 믿기지 않는다. 압록강 철교와 단교 그리고 강 건너 북한의 신의주를 처음 보는 순간 신기하기도 하고 믿기지도 않고 말할 수 없는 이상한 느낌들이 들었다. 바로 휴대폰을 꺼내 사진을 찍었다. 모두들 한마디씩 감탄을 한다. 누구라 할 것 없이 이 광경을 놓칠 수 없다는 듯이 연신 사진을 찍고 찍어 주기에 바빴다. 정신없이 사진을 찍으며 주변 지역을 눈에 담았다. 말로만 듣던 압록강과 북한 땅이 눈앞에 펼쳐져 있다는 것이 신기하다.

유람선에서 본 단둥시내

압록강 철교는 최초에는 일본이 세운 다리였다. 6.25 전쟁 시 중공군의 참전을 저지하기 위해 미군이 폭격을 하여 북한

쪽 다리가 끊어지고 중국 쪽 다리만 절반 남아 있어 압록강 단교라 부른다. 중국은 압록강에 단교와 여러 조형물을 설치하여 국가 중점 관광구로 개발하여 관광 수입을 올리고 있다. 그 바로 옆에는 복선형 압록강 철교가 있는데 북한과 중국의 합의로 이름을 중조우의교로 바꾸어 부르고 있다. 이 다리는 중국과 북한의 교역을 위한 화물 트럭이 간간이 다니고, 평양과 베이징을 연결하는 국제열차가 하루에 한 번씩 다닌다고 한다. 하지만 우리는 아쉽게도 사람이나 차량은 전혀 볼 수 없었다. 입장권을 끊고 단교를 올라가 보았다. 한국 사람에게도 신기하고 의미 있는 장소이지만 중국 사람들로도 붐비는 것을 보면 꽤 의미 있는 장소인 것 같다.

1949년 10월 1일 중국 공산당은 국민당을 타이완으로 몰아내고 중화인민공화국을 건국하였다.

압록강 단교

중국은 청나라 말기부터 여러 열강들의 침입과 간섭을 받다가 일본의 침략으로 중일 전쟁을 치러야 했고 오랫동안 국민당과의 국공내전으로 인해 국가적으로 안정이 필요한 때였다. 국민당을 타이완으로 쫓아내긴 했지만 본토에 남은 국민당 잔당 세력, 그리고 샤먼만(厦门湾) 입구를 바라보는 진먼섬(金门岛)과의 꾸준한 포격전이 있었다. 1950년 6.25 한국 전쟁이 발발하자 공산당 내에서도 참전에 대한 찬반대 의견들이 많았지만 미국과 한국의 자유 민주주의 세력을 국경에서 직접 맞댈 수밖에 없는 상황들이 생기기에 마오쩌둥은 건국에 헌신했던 주더 장군과 함께 아들을 포함하여 많은 군대를 보내어 참전할 수밖에 없었다. 중국 사람들이 6.25 전쟁을 바라보는 시각은 우리와 다르다. 항미원조(抗美援朝)라고 하여 중국이 미국에 대항하여 혈맹인 조선을 지원하여 싸운 전쟁이라는 생각을 가지고 있는 것이다. 그렇기 때문에 중국이 참전하게 된 지역인 단동과 단교는 중국으로서는 의미 있는 지역이며 건축물인 셈이다. 압록강 단교 비석에 새겨진 한자는 대충 6.25 전쟁 때 유엔군에 의해 폭파되었다는 이야기이다. 그리고 단교와 관련된 다양한 영상 자료들을 볼 수 있도록 해놓았다. 저 멀리 보이는 곳이 북한 땅 신의주라는 것이 믿기지가 않는다. 이렇게 가까운데 말이다.

단교를 둘러 본 후 압록강변을 볼 수 있는 유람선을 타기 위하여 선착장으로 이동을 하였다. 시간에 따라 가격이 정해져 있었는데 20~30분 정도 걸리는 유람선을 타기로 하였다. 유람선을 타면 강 건너 단동에서 바라보는 것보다 더 가까이서 북한을 볼 수 있다. 뭐라도 좀 보고 싶었는데 전혀 사람의 움직임을 볼 수가 없었다. 가까운 곳에서 우리 땅인 북한을 바라보았다는 것으로 만족하기로 하였다.

가까운 듯 먼 듯 조심스런 북한 식당

중국에 오면 접할 수 있는 것들 중에 하나가 북한 식당에 가서 식사를 해보는 것이다. 내가 지내고 있는 다롄에서는 류경 식당이라는 곳에 가서 식사를 몇 번 했었는데 특별히 조심을 해서인지 특이점을 보지는 못했다. 북한 사투리의 젊은 여자 종업원들이 음식 주문을 받고 북한 음식을 가져다주는 것이 다만 신기했다. 선양의 서탑가에 갔을 때는 북한 식당에 가보진 못하였는데 그 유명한 대동강 맥주를 이곳에서만 먹어볼 수 있다는 이야기를 들어서 꼭 가볼 생각을 하였다.

압록강 단교 인근 북한 식당

유람선 선착장 앞쪽으로 보면 북한 식당들이 많이 있다. 옥류관, 평양식당, 고려식당 등의 이름을 가진 식당들인데 조금씩은 차이점이 있는 듯하다. 여행 책자에 있는 식당이 눈에 띄지 않아 평양고려식당이라는 멋드러진 간판을 단 식당으로 들어가 보기로 하였다. 코로나로 인해 이곳에도 관광객들이 생각보다 많지 않은가 보다. 문을 닫은 상점들을 꽤 보았기 때문이다. 유니폼을 단정하게 입은 북한 종업원들이 인사를 하고 자리를 안내해준다. 식당 내를 둘러보니 코로나로 인해 한국인 관광객들은 볼 수가 없었고 대부분이 조선족 또는 중국 손님들인 것 같다. 메뉴판을 보기도 전에 대동강 맥주가 있냐고 물었더니 없다는 이야기를 한다. 코로나로 꽤 오랫동안 물건이 들어오지 않았다고 한다.

유람선 선착장 인근에 몰려 있는 북한 식당가

블로그를 보니 고려거리나 인근 슈퍼마켓에서 대동강 맥주를 사간 사람도 있다고 하니 돌아가기 전에 둘러 봐야겠다는 생각을 하였다. 칭따오 또는 삿포르 맥주를 주문하고 메뉴판을 살펴 본다. 평양냉면, 회냉면, 냉 밀면 등 몇 가지 종류의 면을 시켜보고 만두, 꿔바로우(탕수육) 그리고 북한 백김치를 시켜보았다. 우리가 알고 있는 반찬도 메뉴의 한 종류로 주문을 해야 하는 것이다. 안쪽에서 룸 공사를 하여 조금은 시끄러운 가운데 밥을 먹었다. 점심식사 시간에 꼭 공사를 했어야 하나 아쉬움도 들었다. 냉면은 우리가 알고 있는 냉면과는 다르게 조금은 싱거운 맛이다. 노래방 기계 쪽의 화면에서는 북한 영화를 상영해주고 있는데 전투 씬이 꾸준히 나와서 조금은 특이하다는 생각도 들었고 식사를 하면서도 꾸준히 북한 여자 종업원들을 보게 되었다. 그들의 삶이 궁금하고 사진 촬영도 해보고 싶지만 정말 얌전히 밥을 먹다가 나온 듯하다. 뻔한 이야기지만 통일에 대한 아쉬움과 미래에 대한 궁금증을 생각하게 된다.

우리의 흔적 박작장성(호산장성)

아침에 밥을 못 먹고 서둘러 나온 관계로 배가 고팠다. 코로나로 인해 오랜만에 중국의 다른 곳을 둘러보는 터라 긴장도 되었지만 점심식사를 하며 맥주 한잔까지 하다 보니 조금은 긴장이 풀어진다. 오늘 내로 다롄으로 돌아가야 하는 터라 서둘러 띠디를 불러 박작장성(호산장성)으로 향하였다. 일행 중에 중국어를 잘하시는 선생님이 계셔서 띠디 기사님과 이야기를 나누다 보니 호산장성에 들어가려면 싸게 줄 테니 본인에게 입장표를 구입하라고 한다.

호산장성은 고구려가 세운 천리장성의 요새 박작성으로 추정이 되고 있다. 분명 만리장성의 동쪽 끝은 산하이관인데 중국이 동북공정의 일환으로 최근에 성을 다시 쌓고 만리장성의 연장된 성이라고 주장하는 사료를 모아 꾸며놓은 박물관을 운영을 하고 있다. 중국 국가문물국과 국가측량국에서 만리장성(万里长城)의 길이가 종전(6,300㎞)보다 더 길어진 8,851.8㎞라고 발표했었다.

박작산성 전경

얼핏 장성이 더 길어졌구나 정도로 넘길 수 있는 발표지만 여기엔 한국 고대사를 중국사에 편입하려는 동북공정(东北工程)

논리가 숨어 있는 것이다.

띠디를 타고 가다보니 밥을 먹은 후라 나른하다. 사방으로 펼쳐진 논밭과 가끔씩 보이는 시골집을 보니 한국의 시골 국도를 지나가는 것 같다. 길거리 안내판의 글자만 한자일 뿐이지 한국에 있는 듯한 느낌이 든다. 20~30분쯤 가다 도착해 내려보니 매표소가 보인다. 매표소에서는 장성에 올라가는 입구까지 가는 셔틀버스 티켓을 구입할 수 있다. 사진을 찍고 가을 날씨와 함께 장성에 올라본다. 중국 땅에 있어 중국의 역사논리에 맞춰 중국의 산성으로 변모하고 있지만 우리민족 고구려의 장성으로서 이곳에서 나라를 지켰을 우리의 젊은이들을 생각해 본다.

박작산성(호산장성) 입구

높은 산은 아닌데 제법 숨이 차다. 제일 꼭대기 지점에서는 장성 안에 매점이 있어 간단한 음료 등을 사먹을 수도 있다. 건너편으로 압록강과 북한 땅이 보인다. 박작장성 일대는 압록강 앞쪽으로 노들섬 같은 것들이 여러 개 있는데 북한 땅이 바로 한 발 건너뛰어도 될 정도로 가깝다고 해서 일보과(一步跨)라고 하는 곳이 위치하고 있다. 조금 아까 보고 왔던 단동 유람선에서의 북한 보다 이곳은 더 가까운 느낌이다. 시골 마을에 논과 논 사이의 모습 같은... 너무 한적한 시골 풍경 같아 보여 현재 우리나라의 현실과는 다른 평화를 생각해본다.

항미원조기념관(抗美援朝纪念馆)

박작산성을 둘러 본 후 시간을 보니 다롄으로 돌아갈 기차 시간이 얼마 남지 않았다. 잠깐이라도 한 군데를 더 볼 수 있을 것 같아 급하게 띠디를 불렀는데 외곽이라 그런지 차가 잡히지가 않는다. 그때 때마침 택시가 와서 급하게 항미원조 기념관으로 이동하였다. 10여 년 전에 비해서 중국의 대도시들은 우리나라보다 더 고급스럽고 깨끗해졌고 질서의식이 높아진 반면, 외곽 시골 같은 곳은 의식수준이 10여 년 전에 머물러 있는 경우도 있다. 택시의 곡예운전에 멀미가 날 정도이다. 차까지 막히는데 추월, 역주행, 신호위반 등... 30~40분이 걸려서야 항미원조기념관에 도착할 수 있었다. 근데 내리고 보니 뭔가 이상하다. 높은 계단을 정신없이 올라갔더니 이곳은 뒷문이고 앞문은 반대쪽에 있다는 것이다. 택시기사님이 급하게 가까운 곳에 그냥 내려다 주고 가신 것이다. 경비 하시는 분이 지금은 문을 닫을 시간이라고 하셔서 사정을 말씀드리니 빨리 가볍게 둘러보고 가라고 하신다.

'항미원조기념관'은 중국이 미국에 대항하여 싸우는 조선을 지원하여 싸운 전쟁기념관이라는 뜻으로 우리말로 말하면 '6.25 전쟁기념관'이라는 의미가 된다.

항미원조기념관

중국 단동에는 단동시와 북한의 신의주시를 한눈에 내려다볼 수 있는 도원가(桃源街) 부근에 항미원조기념관이 있다. 이 기념관은 1958년에 건립되었으며 그동안 여러 번에 걸쳐 확장 보완하여 오늘에 이르고 있다. 다녀와서 인터넷 기사를 보니 우리가 갔던 날이 오랫동안 휴관을 하다가 재개관하는 첫날이었다. 이곳은 처음에는 '단동 역사문물진열관'이라고 했다가 후에 '항미원조기념관'이라고 개명을 하였으며 간판은 중국의 근대

문인으로 유명한 곽말약(郭沫若)이 썼다. 여기에는 모두 12개의 전시실이 있으며 지금까지 500만 명이 방문하였다.

이 기념관의 진열관에는 항미원조 전쟁사를 기본으로 주요한 내용이 진열되어 있다. 박물관 앞쪽에 높이 서 있는 항미원조 기념탑은 53m나 되고 1953년 조선정전협정 조인, 항미원조 전쟁 위대 승리의 상징으로 고양강(高粱江) 화강암을 사용하여 건립되었다. 탑 정면에는 덩샤오핑이 쓴 '항미원조기념탑'이라는 금빛 글씨가 붙어 있고, 뒷면에는 지원군 영웅들의 업적이 기록된 탑문이 붙어 있다. 탑 기층 면적은 3,000 평방미터이고 내부에는 중앙에 전쟁발발부터 휴전협정까지의 사진을 전시해 놓고 양 옆에는 시안에서 출토된 진시황제 병마용 토용전시관과 요녕성 열사전시관이 있다. 다른 한편에는 또 중국인민지원군 총본부인 13병단 유지(遺址)가 있다.

곽말약의 글씨

중앙부분의 전시실에서 탑 꼭대기로 오르는 통로가 설치되어 있고 각 층마다 펑더화이 사령관을 중심으로 한 각급 지휘관과 부대장들의 사진과 이름이 붙어 있다. 현관으로 들어가 정면에는 마오쩌둥과 펑더화이가 손을 잡고 있는 거대한 조형물이 서 있다. 최근 우리나라의 한류 문화가 전 세계적으로 유행하고 있다. 대한민국의 아이돌 중 대표 그룹인 방탄소년단이 미국의 언론과 한국전쟁 관련해서 "올해 행사는 한국전쟁 70주년을 맞아 의미가 남다릅니다. 우리는 양국이 함께 겪은 고난의 역사와 수많은 남녀의 희생을 영원히 기억할 것입니다."라고 인터뷰를 하였다.

[특파원리포트] 中, 대대적 '항미원조' 70주년 기념식…'BTS 논란'은 시작에 불과?

입력 2020.10.23 (20:26) | 수정 2020.10.23 (20:28) 특파원 리포트

2 5 가

'항미원조' 띄우기 나선 중국

이틀 뒤인 일요일(25일) 중공군이 압록강을 건너 한국전쟁에 개입한 지 꼭 70년이 되는 날입니다.

중공군의 개입으로 우리는 결국 정전협정을 하게 됐고 현재도 그 결과 분단된 상태지만, 중국은 이날을 미국을 상대로 승리를 거두게 된 날, 제국주의를 이겨낸 날로 기념하고 있습니다.

항미원조 관련 기사(출처-kbs)

이 영상이 공개된 뒤 중국 네티즌들이 문제를 삼았는데 바로 "양국이 함께 겪은 고난의 역사"란 부분이다. 이 발언이 정치적이고 중국을 존중하지 않았다며 중국의 대표적인 SNS인 웨이보에 비난 글들이 올라오기 시작한 것이다. 앞에서도 말했지만 항미원조란 중국군이 북한을 지원해 북한과 중국을 미국으로부터 지켜냈다는 뜻이 담겨 있는 것이다. 근래 중국의 젊은 세대들은 어릴 때부터 교육을 받기를 한국전쟁을 사실상 미국과 중국의 대결로 보며 BTS의 발언을 '미국이 중국까지 침입을 하려고 했고 그래서 중국군 20만 명이 목숨을 잃었는데 지금 그 미국의 고통에 동조한다는 거야?'라는 마음이 든다는 것이다. 대한민국의 입장에서는 한국전쟁이 올해로 70주년을 맞듯 중국이 압록강을 건너 한국전쟁에 군사적으로 개입한 지 꼭 70년이 되는 것이다. 여기에 맞춰 중국 당국은 당시 상황을 담은 영화, 드라마 등을 제작해 애국주의, 민족주의를 부추기고 있다. 최근 미국과의 패권 다툼 속에서 이 '항미' 정신을 더욱 강조하고 있고 이 과열된 분위기가 SNS상의 논란으로 이어진 것이다. 자국의 이익이 우선이라고 하지만 대한민국 땅이 폐허로 된 이 전쟁에 대해 우리가 주체적으로 말할 수 없다는 것이 슬프기만 하다. 그리고 역사적으로 열강들의 사이에서 늘 개입이 될 수밖에 없는 우리의 지리적 구조와 역사가 조금은 아쉽다. 항미원조기념관을 다녀와 기분이 왠지 씁쓸하지만 중국에서의 논란을 잠재운 BTS의 문화적 힘을 다시 한번 깨닫게 된다.

우리 땅이 바라보이는 그곳

동북 3성 지역에는 우리 민족의 흔적이 아직도 많이 남아 있다. 다롄한국국제학교 이사회에 소속된 이사님 중에 한 분은 개인적인 사업이 있음에도 불구하고 인근 고구려 산성들을 꾸준히 답사하고 지키고 아끼려는 노력을 하는 분이 계시다. 그 결과로 '고구려의 핵심 산성을 가다'라는 책을 집필하시기도 하였다. 텔레비전에서 많이 봤던 북한과 중국의 접경 지역인 단둥을 방문하면서 중국이라기보다는 우리 땅이라는 느낌으로 다니게 되었고 상점의 곳곳에도 한글이 붙어 있는 것을 보면서 친숙함을 느꼈다.

박작성 꼭대기에서 바라본 압록강 건너편 우리 땅

단교나 압록강 유람선을 통해 북한 땅을 바라보는 것도 신기했지만 박작산성 꼭대기에서 바라본 논과 작은 강으로 연결된 북한은 마음만 먹으면 언제든지 갈 수 있는 소박하고 평화로운 시골길 같았다. 우리 민족의 이 아픔이 하루 빨리 평화적으로 해결되어 강대국 등 주위의 물리적 한계로부터 벗어날 수 있는 국가가 되기를 조심히 바래본다.

2장
러시아와 안중근 의사가 그려지는 하얼빈(哈尔滨)

재외한국학교 교사 3년차가 되면서

영화와 같은 일들이 현실이 되면서 펜데믹이 전 세계를 휩쓸어 버렸다. 봄날 날씨가 따뜻해지면 끝날 줄 알았는데 전 세계적인 전염병으로 남아 인류는 아직까지 그 속에서 벗어나지 못하고 있다. 코로나와 함께 세계의 경제는 곤두박질치고 있는데 그중 대표적인 산업이 관광업이다.

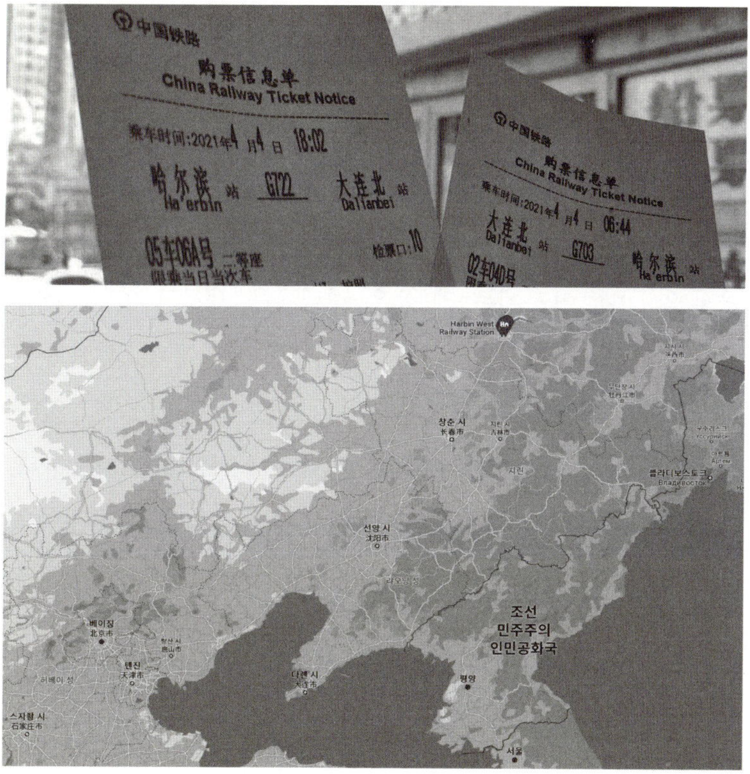

하얼빈 고속열차표와 하얼빈 위치

한국에서 꽤 유명한 H 여행사에 다니고 있는 지인은 무급 휴직을 하고 있다가 근래 이직을 결정하게 되었다. 항공 산업도 마찬가지 상황이라 구조 조정 등 앞날을 예측하기 힘들다. 이곳에 온 첫 해에 중국어를 못함에도 불구하고 한 달에 한번 꼴로 중국의 많은 도시를 가족들과 다닌 듯하다. 두 번째 해에는 더 많은 곳을 다니려 했는데 아쉽게도 코로나로 콕 갇혀 있는 상황이 되었다. 확진자가 발생하면 해당 지역을 봉쇄하고 주민들 핵산검사를 시행하는 과정을 작년 한 해 3번이나 한듯하다. 연휴나 방학 등의 시기가 다가오면 여지없이 확진자가 발생하여 다롄 이외의 지역으로 전혀 이동을 할 수가 없었다. 아쉽기도 하고 무섭기도 하고 조금은 고립되는 패턴이 비슷한 생활을 할 수밖에 없는 상황이다.

재외한국학교들은 코로나19로 인해 신입교사를 채용하기가 쉽지 않았다. 이전에는 꽤 높은 경쟁률을 가지고 있었는데... 우리 학교도 모집 정원을 간신히 채웠던 상황이다. 백신이 도입되고 새 학기가 시작되면서 코로나 상황이 괜찮아지고 있다. 따뜻해지는 봄 날씨와 함께 여행을 다니는 사람들로 가득하다. 아직까지 중국 사람들처럼 긴 여행은 힘든 것 같고 가까운 곳을 가보기로 마음먹었다. 2년 전 청명절에는 랴오닝 성의 성도 선양에 다녀왔었는데 이번 청명절에는 어딜 가볼까? 다롄이 속해 있는 랴오닝 성에서 가까운 곳이 어디일까? 북한과 맞닿아 있는 단둥은 이미 다녀왔고 백두산은 지금 기간에는 날씨 및 여러 가지로 고려할 것들이 많고... 동북 3성 중에 지린성의 성도 장춘을 다녀올까? 시속 300km에 육박하는 고속열차 카오티에로 다롄에서는 3시가 20분 정도가 걸리는 장춘은 청나라의 마지막 황제 푸이가 일본의 꾀임에 빠져 만주국을 세웠던 곳이며 만주국의 황실이 있는 곳이기도 하다. 중국 자동차 산업의 중심지이기도 하지만 관광아이템으로 만주국 황궁 이외에는 커다랗게 볼 것들이 없기에 한 시간 20분 더 가는 하얼빈을 생각해본다. 지도를 찾아보니 다롄에서 하얼빈의 거리는 얼추 서울에서 도쿄쯤 거리가 되는 것 같다. 고속열차로 4~5시간 가는 거리가 가까운 축에 속하는 이 나라를 헤아리려면 어떻게 해야 하는 것일까? 일단 기차표를 찾아보고 하얼빈이라는 도시에 대해 내가 인지하는 바를 생각해 본다.

다롄북역

안중근 의사님이 이토 히로부미를 하얼빈 역에서 저격하신 곳, 하얼빈역 인근에 안중근 의사 기념관이 있다는 것 그리고 눈이 많이 오는 겨울에는 얼음과 관련된 빙등제와 빙설제를 한다는 것.... 겨울에 빙등제를 다녀오신 분들의 이야기를 들으면 옷을 껴입고 또 껴입어도 영하 30도가 넘어가는 기온에 너무 추울 지경이라고 들었다. 또 하얼빈 맥주(啤酒) 정도... 여행 책자와 블로그를 통해 하얼빈에 대해 몇 가지 알아본다. 겨울철이 아니기에 빙등제 관련 장소는 방문하지 않기로 하고 다른 여정을 생각하며 기차표를 검색해 본다. 기차표를 예매하고 직접 역에 가서 표를 수령할 때마다 붐비는 경우가 있어 일정 금액 수수료를 내고 실물표를 바로 받을 수 있는 집 근처 기차표 예매소에 갔다.

하얼빈 역사

이전에도 몇 번 가 티켓을 구입한 적이 있어 아주머니가 웃으며 친절하게 인사해주신다. 하얼빈역으로 예매를 해보고 일정을 생각해 본다. 그리고 휴대폰 메모장에 방문 장소의 명칭을 간자체로 적어 놓았다. 오랜만에 다시 움직이게 되니 두렵기도 하고 떨리는 마음이 가득하다.

4시간 20분 고속열차를 타면서

다롄북역에서 아침 6시 40분 고속열차를 타면 하얼빈역에 11시 10분에 도착을 한다. 중국의 고속열차 시스템은 빈번하게 결항하거나 지연되는 비행기의 사정과는 다르게 굉장히 정확한 편이다. 아침 5시에 일어나서 간단히 세면을 한 후 어제 챙겨 놨던 여권과 기차표, 보조배터리, 선글라스를 챙겨 집을 나서 본다. 기차에서 부족한 잠과 간단한 식사를 하기로 하고 아파트 앞으로 나와 띠디를 호출하였다. 4월 초인데 아직도 아침, 저녁으로는 쌀쌀하다. 하지만 낮은 따뜻하여 꽃이 피기 시작하는 시즌이다. 한국에는 이르게 피었다는 벚꽃이 중국의 동북지역에서는 이제 피기 시작을 한다. 내가 가는 하얼빈은 아직 꽃이 피지는 않았겠지?

집 앞으로 호출한 띠디 차량을 탄 후 좌석에 앉다 보니 졸음이 쏟아져 나도 모르게 졸게 되었다. 큰 경적 소리가 나면서 차가 좌우로 흔들려 놀라 눈을 떠보니 띠디 기사님이 조셨던 듯하다. 깜짝 놀라 기사님을 크게 불렀다. 그래도 계속 졸리신 모양이다. 아침 일찍이라 도로에 차가 많지 않아 25분 정도 만에 다롄북역에 도착하였다. 다롄역은 비교적 오래된 역이고 다롄북역은 고속열차 전용의 새로 지은 역이다. 북한의 김정은이 중국을 방문했을 때 전용 열차가 도착한 곳이며 이곳의 방추위란 곳에서 시진핑과 회담을 했다고 한다. 여러 번 이야기를 했지만 중국의 대부분의 역은 웬만한 나라의 공항보다 크기가 크고 웅장하다. 대륙 국가인 만큼 무엇이든 크고 웅장하게 만든다. 역에 들어서니 오랜만에 여행을 가는 느낌이 든다. 코로나로 인해 중국의 모든 공항, 기차역, 공공건물, 상가, 식당 같은 곳에서는 지역에 맞는 QR 코드를 통하여 건강 및 행적에 대한 안전 여부를 확인한다.

건강 관련 QR 코드

녹색여부를 확인하고 몸과 짐을 X선 투시기를 통해 검사를 한 후 역사 안으로 들어갈 수 있었다. 정차장 입구를 확인한 후 편의점에 들러 물과 간단한 먹거리를 샀다. 2층에 KFC가 있어 콩물(豆浆)과 튀김 빵을 사서 먹으려 했는데 나름 긴장을 해서 그런가 맘속에 그럴 여유가 없다. 먹거리를 구입하고 화장실에 들르고 나니 기차에 오를 시간이 되었다. 이런 시간엔 늘 나도 모르게 새로운 세상을 만날 두려움과 함께 묘한 긴장감이 들게 된다. 계단을 통해 아래로 내려갔더니 기차가 벌써 도착해 있다. 자리를 찾아 앉은 후에 앞으로 펼쳐질 일정에 대한 여러 가지 생각을 하게 된다. 무엇보다 오랜만에 여행을 가게 된다는 것이 너무나 기뻤다. 코로나로 인해 오랜 고립감과 우울감을 느끼게 되었는데 밖으로 나오니 따뜻해지는 날씨와 함께 환기가 되는 것 같다. 하지만 4시간 30분 동안 이어질 기차 시간을 어떻게 채워야 할지 그 생각부터 하기로 했다. 일단 부족한 잠을 채우고 지겨우면 갈 장소에 대해서 머릿속에 그려 보기로 하였다. 생각보다 4시간 30분이 금방 지나간다.

하얼빈역

오래가긴 하지만 다닐 만 하네라는 생각이 들었는데 집으로 올 때에는 무참히 깨지고 말았다. 드디어 내릴 시간이 되었다.

허리를 한번 돌려준 후 상쾌한 마음으로 하얼빈역의 역사에 내려 본다. 참 이곳에서 안중근 의사님께서 이토 히로부미를 저격하셨지? 러시아 냄새가 물씬 풍기는 역 건물 모습은 꽤 이국적인 느낌을 갖게 해주었다.

하얼빈

하얼빈은 중국 헤이룽장성(흑룡강성)의 성도이다. 쑹화강 남쪽 기슭에 자리 잡고 있는 공업 도시이다. 하얼빈은 중국에서 10번째로 큰 도시로 둥베이(중국 동북) 지방의 정치, 경제, 과학, 문화, 통신의 중심지이다. 하얼빈은 만주어로 "그물을 말리는 곳"을 뜻한다. 하얼빈은 "백조 목 위의 진주"라는 별명이 있는데 강이 흐르는 모양이 백조를 닮았기 때문이다. 또 길고 추운 겨울 때문에 "얼음 도시"라는 별명도 있다. 하얼빈은 겨울의 빙등 축제로 유명하고 러시아와의 무역 관문으로 알려져 있다. 1920년대에 파리와 모스크바의 새 양식이 상하이에 도착하기 전에 먼저 이곳에 왔기 때문에 중국의 패션 수도로 여겨졌다.

하얼빈의 대부분 지역이 우리나라의 역사 지리적으로 볼 때 부여에 속하였으며 이를 고구려와 발해가 이어받았다. 본격적으로 도시가 건설된 것은 1898년 러시아가 시베리아 횡단 철도를 블라디보스토크까지 연장하는 철도를 건설하면서였다. 러일전쟁에서 러시아가 패하고 그 영향력이 줄면서 미국, 독일, 프랑스 등이 모여들기 시작했다. 16개 나라의 영사관이 개설되고, 수백 개의 공장과 기업, 은행이 세워지면서 만주의 중심 도시로 성장하게 되었다. 1909년 10월 26일 안중근 의사가 항일운동 목적으로 하얼빈역에서 일본의 이토 히로부미를 사살한 곳으로도 많이 알려져 있다. 1918년 러시아 내전에서 패한 러시아 백군이 이 도시로 피난 오면서 러시아 이외 지역에서 가장 큰 러시아인 사회가 형성되었다. 러시아식 학교와 러시아어 신문도 발행되었다. 1935년 일본이 본격적으로 진출하면서, 러시아인은 대부분 소비에트 연방으로 되돌아갔다.

하얼빈역 앞 거리

다른 유럽인들도 오스트레일리아나 브라질, 미국으로 다시 이민 가거나 자신들의 모국으로 되돌아갔다. 만주국이 세워지면서 일본군은 하얼빈에 진주하였지만, 1945년에는 소련군이 하얼빈을 점령했다. 하얼빈은 중국인민 해방군에게 1946년 4

월에 통치권이 넘어갔다. 러시아의 영향을 많이 받은 곳이기에 아직도 러시아식의 건물들이 많이 남아 있다.

하얼빈역에 내리니 다른 역들과는 다른 특유의 모습들이 눈에 들어온다. 참 이곳 어디에 안중근 의사가 이토 히로부미를 저격한 장소가 있다고 들었는데? 어딜까? 사람들 속에 섞여 하얼빈역 남광장으로 나오게 되었다. 와!!! 중국의 역 건물은 어딜 가나 크고 웅장한 것 같다. 하얼빈역의 모습은 건물의 모양부터 시작해서 역에 걸린 큰 시계까지 러시아 풍의 느낌이 난다. 하얼빈 역사에서 나오자마자 바이두 지도를 통해 안중근 기념관을 찾았다. 기차가 도착한 시간이 11시 10분이라 빨리 나왔다 싶은데도 11시 25분이 넘어간다. 점심식사 전 안중근 기념관 입장시간이 11시 30분까지인데 입구로 들어갔더니 입장을 못한다고 한다. 1시 30분에 재개관을 하니 그때 오라고 한다.

안중근 의사 기념관 입구

한국에서도 초등학생 아들이 역사체험으로 남산 아래 있는 안중근 기념관에 다녀온 적이 있었다. 하얼빈역의 안중근 의사 기념관은 하얼빈 남쪽 입구로 나와서 하얼빈역을 바라보고 입구 왼쪽에 자리 잡고 있다. 하지만 박물관 입구가 정면에서 보이는 것이 아니라 측면으로 있기에 찾을 때 조심해야 한다. 몇 년 전 공사로 인해 잠시 인근에 다른 장소로 이동했다가 다시 본래의 자리로 옮긴 것이다. 다시 한번 하얼빈역 광장에서 역 정면을 바라보니 역의 모습이 웅장하다. 정말 무엇 하나 만들 때마다 대륙의 기질에 맞게 화려하고 웅장하게 만드는 것이 이들의 특징이고 그러한 것들을 스스로 자랑스럽게 여긴다.

성 소피아 성당

여행을 즐기려면 여유를 찾아야 하는데 항상 일정에 급하게 정신없이 오고 가는 것이 내 여행의 단점이다. 그래서 동행하는 이들에게 불편함을 끼치는 경우가 많다. 그럼에도 고치기 쉽지 않다. 하얼빈역에 도착하자마자 점심 휴관 시간 전에 안중근 의사 기념관에 방문해야지 여유시간이 생기는데 아쉽기만 하다. 바로 주위를 살펴보고 바이두 지도를 켜본다. 삼성 갤럭시 휴대폰이 갑자기 먹통이 되는 바람에 새로 구입한 샤오미 휴대폰의 배터리 성능에 감탄을 하곤 했는데 여러 앱을 실행한 덕분이지 금방 배터리 용량이 소모되는 중이다. 하얼빈에 오는 사람이면 모두 다 들리는 장소인 성 소피아 성당을 가려고 한다. 오기 전에 찾아본 여행 책자 및 여러 블로그에서는 하얼빈역에서 무척 가깝다는 이야기를 들었다.

성 소피아 성당

택시나 띠디를 이용하면 기본 요금 정도 될 거리지만 가까운 거리이기에 바이두 지도를 켠 후 성 소피아 성당을 찾아 걸어 가본다. 계절은 4월 초 봄이고 많이 따뜻해지기는 했지만 사람들의 옷차림새는 동북 3성 중 가장 북쪽에 자리 잡은 곳이라 아직도 겨울의 모습을 가지고 있다. 그래도 어디든 여자들의 옷차림새는 봄으로 먼저 앞서 나가는 듯하다. 하얼빈역 앞의 도로 중앙선에는 가드레일이 있고 일방통행 식으로 한 방향으로 갈 수밖에 없는 상황이고 횡단보도가 없다. 그래서 반대쪽의 인도로 건너는 곳을 찾기 어렵다. 역을 바라보고 길 반대쪽으로 크게 돌며 걷게 된다. 곳곳에 러시아 풍의 건물들이 있는 것을 보면 러시아와 관련 있는 도시라는 것을 다시 한번 실감하게 된다. 저 멀리 러시아의 크레믈린 궁 같은 모습을 가진 건물들이 몇 개 보인다. 사진에서 봤던 그 성 소피아 성당인가? 불과 1, 2km 거리에 있는 장소이니 여유 있게 걸어보려고 한다. 그리고 하얼빈 시내의 모습을 곳곳에 담아 보려 하였다. 중국도 우리와 마찬가지로 도시 개발을 위해 기존의 건물들을 헐어내고 다시 짓는 경우가 많다. 하지만 이곳 하얼빈 시내 건물들은 100여 년 가까운 오래된 건물들을 그대로 보존하고 유지하는 곳들이 많다. 길거리 표지판을 보니 성 소피아 성당에 거의 다 온 듯하다. 백화점 건물도 여러 개 보이고 사람들도 북적이기 시작한다. 코로나19 확진자 발생으로 이곳도 꽤 고립되었던 지역이었는데 청명절 연휴와 봄날씨로 사람들이 북적이는 것을 보니 나도 기분이 설레였다. 아!!! 저곳이 성 소피아 성당이구나!!! 러시아풍 건물의 성 소피아 성당 앞에는 사람들로 가득하다. 한 쪽은 성 소피아 성당 안으로 들어가려는 사람들이 길게 서 있고 그 앞에는 기념촬영 및 인근 상가를 방문하는 사람들로 북적였다.

하얼빈 명소 성 소피아 성당(圣索菲亚教堂)은 하얼빈에 위치한 러시아 정교회 성당으로 전형적인 비잔틴 양식 건물이다. 높이 53.35m, 전체 면적 721㎡, 총 2천 명이 들어갈 수 있는 공간으로 동아시아에서 손꼽히는 규모를 자랑하는 성당 중 하나이기도 하다. 1903년 러시아 군인들이 하얼빈에 들어오면서, 군인들이 이용하기 위해 목재로 세웠다가 1923년부터 9년간 꾸준히 확장, 재건축을 진행하며 지금의 화려하고 멋진 모습을 갖추게 되었다. 1997년 성당 내부를 이전 모습으로 복원하면서 '하얼빈 건축 예술관'으로 이름을 바꾸었으며, 고풍스럽고 우아한 자태를 자랑하는 하얼빈의 대표 건축물로 잘 알려져 있다.

성 소피아 성당

그 역사적 가치를 반증하듯 1986년 하얼빈시 인민정부는 성 소피아 성당을 1급 보호 건축물로 지정하였으며, 1996년에는 중국 중점 문물보호단위로 지정되었다. 성당 안에는 하얼빈의 역사가 담긴 사진과 사료, 그리고 최후의 만찬 성화가 함께 걸려 있으며 야경 역시 매우 아름답기로 유명하다. 겉에서 바라보는 하얼빈 성당의 모습은 무척이나 아름답다. 전주 한옥 마을 안에 있는 전동 성당 앞모습처럼 그 앞에서 사진을 찍는 사람들로 북적인다. 한국의 고궁이나 전주 한옥 마을 근처에 가면 한복을 입고 사진을 찍으며 오가는 사람들로 가득하다. 중국의 역사 관광지 근처에도 중국식 한복인 한푸를 입고 다니는 사람들이 많은데 이곳에서는 결혼식 신부복을 입은 여자들이 꽤 많았다. 성당 인근에는 군고구마, 구이햄 등 간단한 간식 거리와 비눗방울 장난감 등을 파는 노점상들로 가득하였다.

성 소피아 성당 앞 백화점 거리

성당의 겉모습은 초록색 돔과 빨간색 벽돌로 지어졌으며 사방에서 보면 모두 다른 모습이고 하늘에서 내려다보면 라틴 십자가의 모양으로 지어졌다고 한다. 이전에 내가 알고 있는 성 소피아 성당은 터키 이스탄불에 있는 성당으로 영화에도 자주 등장하는 곳이다. 이 밖에도 우크라이나 키에프에도 동명의 성당이 있는 것으로 알고 있다. 성당 안으로 들어가는 입장료는 20위안인데 안으로 들어가려는 많은 사람들이 너무 길게 줄을 서 있어 아쉽지만 포기하기로 하였다.

하얼빈 중앙다제(中央大街)

아침 5시에 일어나느라 아침을 못 먹었는데 기차 타기 전 샀던 핫도그 빵도 아직 먹지 못한 상황이다. 성 소피아 성당에서 가까운 중앙다제에 가서 백종원의 스트리트 푸드파이터에 등장했던 老厨家(라오츄지아)라는 음식점에 가서 중국 원조 꿔바로우(탕수육)와 하얼빈 맥주를 마실 참이다. 성 소피아 성당 인근부터 중앙다제까지는 대규모 상업지구이다. 바이두 지도를 켠 후 중앙다제를 찾아보니 800m 거리밖에 되지 않는다. 중국어를 잘 못하면서 이렇게 다른 나라를 활보하는 모습이 신기하다. 중국인들 사이에 섞여서 중앙다제를 찾아 갔다.

중앙다제 입구

중앙다제 같은 경우도 보행가라고 뒤에 붙는데 보행가라고 불리는 쇼핑 거리는 중국 여러 도시에서 볼 수 있고 그 도시 특유의 개성을 담고 있다. 단어의 뜻 그대로 차가 없는 도로에서 걸어 다니며 쇼핑을 하거나 길거리 음식을 사먹기도 할 수 있다. 우리나라의 대학로 같은 곳들이 그런 경우가 있는데 중국에서는 대표적인 곳이 베이징의 왕푸징거리, 상하이의 난징루, 충칭의 해방비가 있는 제빵베이 등이다. 위에서 열거한 지역보다 건물의 높이는 높지 않았지만 청명절 연휴의 많은 사람들로 그 큰 길거리가 인산인해다. 그리고 중앙다제 안에는 제정 러시아식의 건물들로 가득하며 조성된 지 100년이 넘은 역사 깊은 곳이다. 곳곳에 여러 상점 등이 있고 유명한 식당도 많다. 백화점들도 들어서 있고, 일반 상점들은 주로 중국 제품들을 팔지만 관광 효과를 누리기 위해 러시아제 수공예품도 많이 판다. 하지만 이곳에 오는 제품들은 실제 러시아에서 팔리는 제품들보다 질이 많이 떨어지는 편이다.

원조 꿔바로우 집

간간히 보이는 러시아식 기념품점, 중국판 유명 대형서점인 신화서점, 그 밖의 여러 식당들… 배가 고픈 관계로 일단 라오츄지아를 검색해서 찾아 나갔는데 어느 식당이든 점심시간이 다 보니 사람들이 많다. 사람들이 특히 길게 줄을 서 있는 곳이 있어 라오츄지아인줄 알았더니 하얼빈에서 유명한 아이스크림(马迭尔冰棍, 마데얼 빙군)을 파는 곳과 화매 레스토랑(华梅西餐厅, 화메이 시찬팅) 1층에서 불티나게 팔려 나가는 식빵(面包, 멘바오)을 파는 곳이었다.

일단 배고픈 관계로 바로 근처에 있는 라오츄지아를 찾아갔다. 라오츄지아는 원조 꿔바로우를 만든 식당으로 백종원이 스트리트 푸드파이터라는 텔레비전 프로그램에서 소개한 집이다. 하얼빈에도 여러 분점이 있으며 내가 간곳은 이곳 중앙다제에 있는 곳인데 해당 건물의 3층에 있었다. 블로그에서 봤던 그 모습인데 안내 데스크에 이야기했더니 종업원이 옆을 가리킨다. 혹시나 하얼빈 맥주와 함께 여유 있는 점심식사를 할 줄 알았는데 역시 예상대로 많은 사람들이 대기 중이다. 혹시나 몰라 그 큰 식당을 둘러보았는데 기다리는 사람들이 너무 많았다. 아무래도 여행 일정상 오래 기다릴 수가 없어서 아래에 있는 다른 식당을 가보기로 하였다.

우연히 들어간 식당이 조선족이 운영하는 한식당이었다. 앉아서 된장찌개와 밥을 시켜서 급하게 먹었다. 청명절 연휴라 그런지 사람들로 가득하다. 코로나로 콕 갇혀 있다가 조심스럽게 여행을 다니기 시작한 지 얼마 안 된 지라 사람들의 모습은 즐거움으로 가득하다. 나와서 건너편 모던 하드 아이스크림 가게에서 아이스크림을 먹었다. 아직도 바람이 부는데 사람들은 거리에서 아이스크림 하나씩을 들고 잘도 먹고 있다. 꿔바로우와 원조 하얼빈 맥주를 못 먹어서 안타깝긴 하지만 배를 채운 지라 다음 장소에 가기 위해 바이두 지도를 찾아본다. 중앙다제를 더 지나 북쪽으로 올라가면 백두산에서 발원했다는 송화강 인근에 스탈린 공원이 있다. 성 소피아 성당부터 해서 주요 관광지가 인근에 몰려 있다. 비교적 중국에서 북쪽 끝에 있는 곳이라 아직도 쌀쌀하지만 봄바람과 함께 연휴를 즐기러 중앙다제를 가득 채운 사람들의 행복한 표정이 자유로워 보인다.

송화강을 끼고 있는 스탈린 공원(斯大林公园)

매번 느끼지만 스마트폰으로 세계 곳곳을 찾아다닐 수 있다는 것이 신기하기만 하다. 중앙다제는 정말 많은 사람들로 가득했다. 중앙다제를 지나 이동한 곳이 바로 방공탑 및 스탈린 공원이다. 맨 앞에 세워진 탑이 방공탑이고, 이곳과 그 뒤에 있는 넓은 광장이 스탈린 공원이다. 스탈린 공원 뒤쪽에 있는 것이 쑹화강(송화강, 松花江)이다. 바로 고주몽, 즉 고구려의 시조 동명성왕이 대소왕자를 피해 부여에서 도망나올 때 마주한 강이다. 고구려 건국 이후에도 중국과의 전쟁사를 얘기할 때 자주 등장하는 강이기도 하다. 방공탑은 1950년대에 이 강에서 발생한 큰 홍수를 시민들이 막아 낸 것을 기념하기 위해 세운 것이다.

중앙다제에서 걸어가면 나오는 송화강 인근 공원

당시에는 하얼빈이 발전된 도시가 아니었고, 그런 만큼 홍수로 인해 거주 환경이 많이 오염되었다. 병이 돌았고, 사람들의 생활은 날로 궁핍해져 갔다. 그러자 하얼빈 시민들은 자기 집에 있는 옷가지들이나 생필품 등을 가지고 나와 강물이 불어나서 도시로 넘쳐 흐르는 것을 막아낼 수 있었다. 그 사건을 기념하기 위해 이 기념탑을 세운 것이다. 쑹화강은 주몽이 거북이와 물고기 등을 밟고 건넜다고 해서 작은 강인줄 알았는데 서울 한강의 폭 정도를 가진 강이었다. 4월 초인데도 불구하고 아직도 강의 양 끝으로는 얼음이 얼어 있었다.

송화강은 백두산 천지 비룡폭포에서 시작해 지린성, 헤이룽장성 지역을 흐르는 강이다. 중국어로는 '쑹화강', 만주어로는 숭가리강이라고 하는데, 여기서 '숭가리'는 은하수를 뜻한다. 하얼빈을 거쳐 흑룡강성 북동단에서 본류에 합류한다. 산지 어귀에 축조된 댐에 의해 조성된 송화호(저수용량 110억t)는 발전, 관개, 수운, 양어 및 하류의 홍수 조절 등에 크게 기여한다. 대부분 도시의 한가운데에 강이 흐르는 것처럼 송화강도 하얼빈 시내의 중심부를 가로지르고 있다.

송화강에 낀 얼음

시내의 어느 강가처럼 정말 많은 사람들이 산책을 나와 있었고 저 먼 곳으로는 강 건너로 갈 수 있도록 케이블카가 설치되어 있었다. 강 건너는 겨울철에 빙등제가 열리는 곳이기도 하다. 겨울이 되면 강이 꽁꽁 얼어서 사람들이 스케이트도 타고, 얼음 팽이, 연날리기, 얼음 미끄럼틀 등을 즐길 수 있다. 옛날에는 한강도 이랬다는데, 텔레비전에서만 보던 그 모습을 송화강에서 볼 수 있어 매우 흥미로웠다.

안중근 의사 기념관

하얼빈역에서 내리자마자 안중근 의사 기념관을 찾아 가려고 했지만 점심시간으로 인해 일정이 미뤄졌다. 먼저 인접해 있는 성 소피아 성당, 중앙다제, 스탈린 공원을 봤기에 공원 인근에서 띠디를 불러서 하얼빈역으로 이동하면서 안중근 의사 기념관을 먼저 방문하기로 하였다. 하얼빈역은 안중근 의사가 이토 히로부미를 저격, 사살했던 곳으로 기념관이 들어서 있다. 기념관 안쪽에는 안중근 의사가 이토 히로부미를 사살했던 장소가 보이는데 하얼빈 역사 안 바닥을 보면 삼각 표시가 있는 부분을 볼 수 있다. 바로 그 장소가 안중근 의사가 이토 히로부미를 저격한 장소이다.

안중근 의사 기념관 내부

안중근 의사 기념관은 의거현장 바로 옆에 있던 하얼빈역 귀빈실 일부를 개조하여 완성을 하였다. '오전 9시 30분' 안중근 기념관의 멈춰 있는 시계 안중근 의사기념관(安重根义士纪念馆)이란 선명한 초록색 글자 위로 오전 9시 30분에 고정되어 움직이지 않는 대형 벽시계가 있는 것을 볼 수 있는데 이 시간은 바로 안중근 의사가 이토 히로부미를 저격한 시간이라고 한다. (1909년 10월 26일 오전 9시 30분) 처음에는 단순히 시각을 알려주려고 걸어놓은 시계인 줄 알고 들어갔는데 9시 30분은 특별한 의미가 있는 시각이었다. 안중근 의사는 1909년 10월 26일 하얼빈역에서 이토 히로부미를 사살하고 현장에서 체포되었다. 11월 내가 살고 있는 다롄의 뤼순감옥으로 이송됐으며 이듬해 2월 14일 사형을 선고받고 3월 26일 순국하게 되었다. 그렇게 안중근 의사는 순국하셨지만 이 거사는 이후의 독립운동에 큰 영향을 주었다.

안중근 의사 기념관에서 보이는 하얼빈 역사 내 이토 히로부미 저격 장소

안중근 의사는 뜻을 같이하는 12명의 동지들을 모아 동의단지회를 결성하게 된다. 1909년 안중근 의사는 동의단지회 동지들과 왼손 네 번째 손가락 마디를 자르고 조국의 독립을 위해 몸바칠 것을 맹세했다. 안중근 의사의 약지가 잘린 손바닥 낙관이 여기에서 유래하는 것이다. 정말 기념관이란 말이 무색

하게 크기가 너무 작지만 직접 와서 보니 안중근 의사의 숨결을 느낄 수 있어서 참 감격스러웠다. 안중근 의사의 어머니 조마리아 여사는 1910년 2월 14일 아들의 사형선고를 접하고 안중근 의사에게 한 장의 편지를 남기셨다. 아들의 죽음을 앞두고 있는 상황에서 어찌 의연할 수 있었을까? 조마리아 여사도 피를 토하는 심정으로 이 편지를 썼을 것이다. 이렇게 위대하신 어머님이 계시기에 안중근 의사 같은 훌륭한 아들이 나올 수 있었을 것이다. 안중근 의사의 마지막 유언은 죽은 뒤에 국권이 회복되거든 자신의 유골을 고국의 땅에 묻어 달라는 것이었다. 뤼순에는 사형집행 후 유골을 묻은 곳으로 추정되는 위치에서 발굴 작업을 벌였지만 100년이 넘은 아직까지도 안중근 의사의 유골을 찾지 못한 상태라고 해 안타까웠다. 생각보다 작은 규모에 아쉬웠지만 하얼빈 역사 정문의 바로 옆에 위치한 안중근 의사 기념관이 너무 자랑스러웠다.

헤이룽장성 박물관

처음에 하얼빈역에 내렸을 때 바이두 지도가 말을 듣지 않았고 급하게 일정을 소화하려다 보니 잠깐 방향을 착각하게 되었다. 안중근 의사 기념관으로부터 길을 건너 가다 보면 중앙다제로 가는 길이 나온다고 생각했는데 더 걸어가다 보니 헤이룽장성 박물관이 보였다. 중국은 나라에서 운영하는 박물관도 잘 되어 있긴 하지만 특히 성에서 관리하고 운영하는 박물관도 그 이상으로 매우 관리가 잘 되어 있다. 가장 중요한 것은 입장료가 무료인데다 기차역에서 멀지 않은 곳이기도 하고, 하얼빈이 헤이룽장성의 성도라 가치가 매우 높은 편이다. 지하철 1호선 박물관 역에서 내려 올라가면 바로 박물관이 보인다. 하얼빈은 지하철이 생긴 지 얼마 되지 않아 내부도 깨끗하고 시설도 좋은 편이다. 계속해서 노선을 연장하고 있는 중이다.

중국에서는 가장 많이 사용했던 것은 바이두 지도이다. 이번에도 역시 박물관을 찾아갔는데, 다행히 얼마 걷지 않아 도착할 수 있었다. 입장료가 무료이기는 하지만 표를 받아 들어가야 하기 때문에 박물관 바로 앞쪽에 있는 매표소에서 기다려 여권을 보여주고 표를 받을 수 있다. 하지만 연휴 기간에는 박물관을 방문하는 사람들이 많으므로 사전에 예약을 하고 가는 것이 좋다.

헤이룽장성 박물관 입구

이곳은 명 · 청 시대부터 내려오는, 헤이룽장성의 역사와 자연, 문화와 생활 등을 알려주는 다양한 물품들을 전시하고 있다. 이곳에는 발해의 유물도 있으며 조금 더 들어가 보면 해동성국관이 있다. 헤이룽장성 박물관(黑龙江省博物馆) 2층에 있는 역사 전시실은 가장 큰 볼거리인데, 석기 시대에서 초기 철기 시대까지 헤이룽장성에서 발견된 유물을 전시하고 있다. 특히 이 지역을 다스리던 우리나라의 발해의 유물들도 많아 랴오닝성 박물관과 함께 한국인 관광객들이 많이 온다. 박물관의 겉모습이 다른 지역의 박물관에 비해선 크기와 규모면에서는 크지 않아 조금은 아쉽다.

혼자서 처음으로 가본 하얼빈

여행을 그 누구보다 좋아하는데 중국의 여행은 나에게 더더욱 특별하다. 특히 한국사에 관심이 많은 편인데 중국의 역사가 우리와 연결고리가 많기 때문에 해당 장소를 둘러보는 것들은 나의 가슴을 설레게 한다. 또 다른 삶이 주어진다면 역사와 관련된 일을 하고 싶었고 그와 함께 해당 장소를 여행해보고 연구해 보는 것이 꿈이었다. 가족과 함께 왔기에 가족여행을 다니는 것이 물론 좋지만 잠깐 시간이 날 때 당일로 혼자 여행을 다녀오는 것도 의미가 있다고 생각하였다. 하지만 함께 다니는 여행에 익숙하다 보니 혼자만의 여행은 익숙치 않기도 하고 더더구나 중국말을 잘 못하기에 두렵기도 하고 동기부여가 안되곤 했다. 그래도 혼자 하는 경험을 해보고 싶었기에 기차표를 끊고 카오티에로 4시간 반이 걸리는 하얼빈에 도착하고 안중근 의사의 흔적을 찾아보고 여러 장소를 다녀오는 것은 코로나로 죽어 있던 나의 여행 세포를 다시 깨어나게 만들었다.

하얼빈 러시아풍 건물

다만 시간이 부족하여 역사의 잔혹한 현장 731부대 유적지를 다녀오지 못한 것이 아쉬웠고 사진으로 봤던 송화강 건너편과 하얼빈 곳곳의 아름다운 빙등제 모습을 보지 못한 것도 아쉬웠다. 하얼빈역에서의 기차시간이 조금은 맞지 않아 급하게 하얼빈 서역으로 이동하여 기차표를 환불하고 다시 끊어본다. 가족들과 겨울철에 다시 한번 방문할 것을 기대하며 4시간 반 걸리는 열차에 올라보았다. 오늘은 나 스스로 왠지 뿌듯하다.

3장

해양도시 옌타이(烟台)와 웨이하이(威海)

다시 맞이하는 노동절 연휴

날씨가 좋고 벚꽃이 피는 등 따뜻한 봄바람과 함께 사람들의 마음도 조금씩 밝아지는 듯하다. 코로나 블루라고 했던가? 전 세계 사람들은 사회적 거리두기 등 단절된 삶을 살다보니 우울감을 호소하는 경우가 많다.

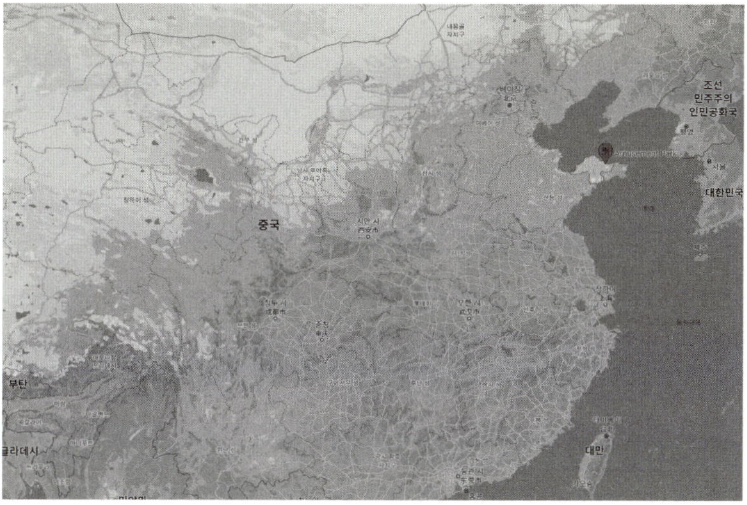

옌타이 위치

좋은 날씨와 함께 야외로 나온 사람들이 많아서인지 한국에서는 1일 확진자 발생수 또한 늘어나고 있다. 중국은 아직까지도 비교적 안정적이다. 정말 맞는 통계인가도 싶지만 자유롭게 국내 여행을 가는 사람들도 많고 심지어는 마스크를 쓰지 않는 사람들도 꽤 있다. 코로나 근원지라고 알려져 있지만 나름 방역에 성공했다는 자부심과 함께 자체 백신을 개발해서 사람들에게 맞게 하는 중이다. 2020년 노동절에는 확진자가 지역별로 꾸준히 발생해서 어디 여행도 다니지 못하고 집 근처에서만 있게 됐다. 특히 2020년에 새로 오신 신임 선생님들은 여행 한번 다니지 못하셨다. 연휴나 휴일을 맞이하여 여행을 가려고 하면 갑자기 확진자가 나와 번번이 예약한 부분을 취소해야 하는 상황이었다.

공항 톨게이트

코로나 상황도 많이 좋아지고 조금씩 날씨가 좋아져서 노동절 연휴를 맞이하다 보니 저마다 여행 계획을 세우고 계신다. 학교에 근무하는 교사이기도 해 학생들에게 주는 영향이 있다 보니 먼 곳을 가실 생각을 못하고 계신다. 그러면 어딜 가야 할까? 이곳에 처음 올 때 중학교 1학년이었던 아들은 어느새 3학년이 되어 나름의 스케줄이 많이 생긴다. 주말에는 청소년 오케스트라 활동도 하고 학교 방과 후 및 조별 모임들이 많아 주말에도 매우 바쁜 상황이다. 오랜 만에 안전한 연휴 기간이고 가족이 움직이는 상황인지라 어느 곳을 가야 할까 생각해보니 다롄에서 비행기로 한 시간도 걸리지 않으며 배편으로도 갈 수 있는 옌타이를 가볼까 생각을 해보았다. 내가 중국에 오던 첫 해에 학교 선생님들이 밤배로 많이 타고 가셨던 기억이 난다. 인천에서 제주도로 가는 커다란 페리라고 생각을 하면 된다. 원래 옌타이나 칭따오 같은 경우는 거리가 가깝기도 하고 교통비도 비교적 저렴하기에 나중에 기회가 되면 갈 것으로 생각을 했지만 코로나 상황이기에 조심히 다녀오기로 했다. 다롄에서는 배편으로 7시간 반 정도가 걸리는 것에 비해 비행기로는 45분 정도가 걸린다. 가격 차이가 그다지 많이 나지 않는다고 판단하여 비행기로 가기로 하고 여행 계획을 세워 보았다.

옌타이 공항

옌타이(烟台)는 중국 산둥성의 시이다. 산둥성의 성도는 지난이지만 우리나라 국민들에게 많이 알려진 곳은 칭따오이다.

산둥성엔 우리 교민이 많이 거주하는 편이고 그중 대표적인 곳이 칭따오와 옌타이 그리고 웨이하이라는 도시이다. 모두 해안가를 곁에 두고 있는 아름다운 도시이기도 하다. 옌타이는 남서쪽으로는 칭따오와 동쪽으로는 웨이하이와 각각 접하고 있다. 각각 고속열차로 1시간 40분과 30분 거리에 있어 연계하여 다녀오기도 쉽다. 옌타이는 한때는 서양 열강에 개방된 항구 중의 하나였고, 조계지로 사용되기도 하였다. 현재의 옌타이란 이름은 1398년에 명나라 홍무제의 통치기간에 세워진 봉수대에서 유래가 되었다. 이 봉수대는 왜구의 침입을 알려주는 역할을 담당하였다. 학교에서 교무부장을 맏고 계시는 선생님께서 옌타이 한국국제학교에서 근무하시던 분이라 조금의 정보를 얻어가면서 비행기 표를 예약하였다. 코로나로 인해 외국인을 받지 않는 호텔이 늘었다고 하여 다롄에서 알고 있는 한국인 여행사를 통해 호텔을 대신 예약하였다.

아무래도 공항에서 띠디(중국형 우버택시)를 타고 첫 번째 행선지인 팔선과해와 봉래각을 가는 것이 났다고 생각하였다. 봉래각과 팔선과해와 인근 장소를 돌아보고 나오면 바로 웨이하이로 가기로 하였기에 일정이 조금은 급한 편이다. 머릿속에 일정을 생각하면서 아침 8시 10분 비행기를 타기 위하여 새벽 5시에 일어났다. 씻고 가볍게 아침을 먹은 후에 아들이 마저 씻는 관계로 기다리다가 메시지를 확인했는데 8시 10분 비행기가 10시로 지연 출발이 되었다는 것이다. 새벽에 왔던 메시지를 확인해보니 10시 지연에서 다시 원래 시간인 8시 10분으로 그리고 다시 10시 지연으로 문자 메시지가 온 것이다. 중국에서는 비행기 취소 및 지연이 비일비재한 것이지만 그래도 2시간 정도면 이른 아침에 여유가 있다고 생각하여 여유있게 나서기로 하였다.

프로펠러 비행기

띠디를 불러서 1시간 거리에 있는 공항으로 출발하였다. 기사님이 오랜 운전 경력이 있으셔서 멀미 없이 잘 도착할 수 있었다. 공항에 막상 가니 여행에 대한 기대감으로 설레게 된다. 티켓팅을 하기 위하여 잠깐 휴대폰을 보니 또 다시 메시지가 하나 와 있었다. 10시 비행기가 완전 취소가 되었고 12시 비행기로 대체가 된다는 것이다. 취소를 할지 12시 비행기를 탈지 정하라고 하는 메시지를 보고 위챗앱을 활용하여 다른 비행기 시간대를 보니 10시에 마침 비행기가 하나 있어 빠른 취소와 함께 예약을 동시에 하였다. 티켓팅을 하고 나니 우리가 원래 타고 가기로 한 톈진항공이 아니고 행복항공이라는 항공사였다. 보통의 중국의 항공사들은 지역 명칭을 많이 사용을 하는데 행복이라고 하니 어떨까 하고 검색을 해보니... 아무래도 옌타이 지역과 다롄이 워낙 가깝다 보니 프로펠라 소형 비행기로 운항을 하는 경우도 있다고 한다. 아니길 바라면서 수속을 밟고 비행기 탑승구를 찾으러 들어갔다. 그런데 코로나로 인해서인지 수속 밟는 과정이 더 복잡해졌다. 엑스선 검사는 기본이고 온몸을 하나하나 다 확인하는 것이다. 우리가 탑승하기로 한 곳이 2층에서 바로 탑승하는 것이 아니고... 1층으로 내려가 버스를 타고 탑승장까지 가야 하는 곳이다. 설마 아닐거야... 했는데 버스를 타고 가다보니 저 멀리 그 어느 비행기보다 몸체가 작고 프로펠러 2개를 가지런히 드러내고 있는 녀석이 있었다. 탑승버스는 우리를 그 앞으로 나란히 내려주고 있었다. 비행기 뒷문으로 연결된 사다리를 올라가 본 비행기 내부는 족히 40명 정도가 탈 수 있는 의자에 사람들로 가득하였다. 나이가 들수록 높은 곳에 대한 두려움이 많이 생기고 있는데... 이게 뭐람... 비행기가 가장 위험한 때가 이륙과 착륙할 때라고 하는데 이륙은 그런대로 이상이 없었다. 다만 프로펠러 돌아가는 소리가 요란하게 났고 일반 항공기에 비해서 높게 날지 않는 편이라 바로 아래 지역이 잘 보였다. 50여 분 지나니 내려갈 준비를 하는 것 같다. 와이프와 아들은 아침에 서둘러 나온 관계로 어느새 잠이 들었나 보다. 동체가 작다보니 기체가 많이 흔들린다. 다행히 무사히 착륙을 하고 보니 공항 건물이 눈앞에 보였다. 옌타이! 가족 여행 정말 오랜만이다!!!

AAAAA 봉래각(蓬莱阁)

옌타이에 일정은 오전에 하는 것으로 마감하고 오후에는 여유있게 웨이하이로 이동하려 했으니 벌써 2시간이 지연된 부분이 있어 서둘러야 했다. 사전에 예약한 빵차(특정 구간을 전용으로 대절하는 운전자가 있는 차)가 공항까지 나오기로 했다. 코로나 이후 특정 장소를 들어가거나 이동을 할 때 스마트폰을 활용하여 건강코드를 보여줘야 한다. 공항에서 나오니 기사님이 우리를 맞이 해주신다. 사전에 통화할 때는 한국말이 조금은 서툴러서 조선족으로 예상을 했는데 순수 중국의 한족 출신이신 분이다. 옌타이나 웨이하이가 한국 관광객들이 많이 오는 장소이기에 이들을 상대로 하는 관광 관련 일을 하다 보니 인터넷 강의를 통해 한글을 배우셨다고 한다. 어떤 말이든 자세한 뜻까지 이해하시기는 어려워하는 것 같지만 그래도 말이 통하는 분이라 한결 편한 마음이다.

우육면

일단 공항에서 차로 50분 거리에 있는 봉래각으로 이동을 하였다. 중국의 고속도로나 시골길을 가다보면 우리나라의 모습들이 생각난다. 다만 도로 표지판만 한자로 되어 있을 뿐 멍하니 창밖을 내다보면 마치 고향 땅을 두고 멀리 떠나온 마음이다. 아침부터 서둘러 나온 데다가 과속카메라 덕분에 기사님이 자주 브레이크를 밟으셔서 가족들이 멀미를 한다. 점심시간이 다 되어 가기에 봉래각 인근 한식당에 가서 밥을 먹기로 하였다. 아는 선생님께서 인근 쇼핑몰 내에 한식당을 추천해주셨지만 기사님의 선택을 한번 보고 싶었다. 우리가 간 곳은 식당이 몰려 있는 곳이긴 한데 한국요리라고 하는 곳은 단 한군데였다. 사람으로 북적이는 식당은 한국 음식집이라고 보기보단 중국인이 운영하는 한국식 고기 집이었다. 멀미를 하는 관계로 고기가 먹히지 않을 것 같아 다른 메뉴를 찾는데 없었다. 기사님과 앞의 중국 면집에 들어가 우육면을 먹었다. 아들이 어느새 중국에 적응해서인지 중국 음식을 잘 먹는다. 우육면을 급하게 먹고 있는데 기사님이 봉래각 할인표를 빨리 예매하는 것이 좋다고 하여 휴대폰을 이용하여 표를 구입하였다. 근데 관광지 중에서는 외국인은 휴대폰 예매가 어려운 곳도 있어서 다소 걱정되기도 했지만 가족과 내 여권 번호를 넣고 예매를 하였다. 노동절 연휴가 맞긴 맞다. 봉래각 앞 도로는 차와 사람들로 가득하다. 거기다 한 차선은 공사로 인해 더더군다나 막히는 상황이다. 기사님이 주차를 하고 오시기로 하고 우리는 봉래각 입구로 들어갔다.

봉래각 입구

어 그런데... 입구부터 해서 매표소에서는 우리가 예매한 인터넷 표가 인식이 안 되고 구입이 안 되는 표라고 한다. 마침 매표소에 사람이 많지 않아서 새로 구입해도 될 것 같은데 이어서 오신 기사님이 여러 곳에 전화하면서 매표소 직원과 실갱이를 하신다. 그러다 보니 40여 분이 지나갔다. 아니 비행기 시간이 늦어져 시간이 아쉬운 상황인데... 여기서 한 시간 가까이 소비를 하게 되니 안타깝다. 그렇게 시간이 지나간 후에 아저씨께서는 상황이 해결이 안 될 것 같아서인지 구입을 해주시고 사과하시며 우리에게 먼저 들어가라고 하셨다.

노동절 연휴 봉래각 또한 사람들로 가득하다. 옌타이시와 인접할 뿐이지 사실 봉래... 펑라이는 따로 존재하는 행정구역이다. 우리가 지금 온 봉래각은 중국 산둥성(山东省) 펑라이현(蓬莱县)의 북쪽에 있는 누각이다. 송나라 인종(仁宗) 때인 1061년 건립된 뒤 명나라 인종 때와 헌종 때 복구되었으며, 만력제 때 증축되었다.

봉래각 모습

이후 오랜 세월 동안 자연적 침식과 전란 등으로 인하여 청나라 중반에 이르러서는 허물어진 담벽만 남은 폐허가 되었다. 가경제 때인 1829년 다시 개수되었으나 항일전쟁과 내전으로 또 파손되어 청나라 때의 서예가 철보가 쓴 '펑라이거' 현판 외에는 모두 유실되었다. 마오쩌둥의 신중국 성립 이후 1984년의 대규모 보수공사를 비롯하여 여러 차례 개수되어 옛 풍채를 회복하였다. 봉래각은 넓게는 누각 외에 그 안의 건축물을 포함하는 건축군을 지칭하기도 한다. 누각은 산둥반도 북부, 보하

이만[渤海湾] 남쪽 기슭의 단야산 꼭대기에 있다. 북쪽으로 넓은 바다가 끝없이 펼쳐져 있고, 바닷가에서 머지 않은 곳에 경치가 빼어난 창산열도가 있다. 봄 · 여름 · 가을이 되면 신기루 현상이 자주 나타나 구름 안개 사이로 누각과 정자, 도시 등이 나타났다 사라지고, 도시의 거리를 지나는 행인과 마차, 푸른 삼림과 산봉우리, 때로는 전쟁터에서 전마들이 질주하는 광경 등이 순식간에 나타났다 사라지는 기이한 현상을 목격할 수 있다고 한다. 건립 이후 수많은 시인들이 들러 경관을 감상하였다. 송나라의 문호 소동파(苏东坡)는 "신기루는 환상에 지나지 않고, 충신과 효자가 바로 신선이다"라고 하였다. 동쪽에는 관란정과 명나라 장군 척계광이 해군을 훈련시키던 수성(水城)이 있고, 서쪽에는 피풍정이 있다. 1982년 봉래각을 포함한 건축물과 펑라이수성이 전국중점문물보호단위 AAAAA로 지정되었다.

봉래각으로 올라가는 패루

입구에 들어서자 마자 커다란 호수가 보인다. 여기까지 오는 과정이 많이 힘들었지만 오랜만에 가족과 함께하는 여행이라 중요하지 않았다. 더불어 봄 날씨와 함께 어우러져 보이는 꽃들이 너무나 아름다웠다. 셔틀버스도 있었는데 그냥 걷기로 하였다. 근래 새로 조성한 듯한 누각들이 보이고 저만치 다리로 보이는 곳에서 많은 사람들이 사진을 찍고 있었다. 가까이 가보니 유료 보트 체험장이 있는데 인근 호수와 다시 이어지는 것 같다. 파란 하늘과 함께 물살을 가로지르며 쏜살같이 앞으로 가는 보트의 모습이 시원하다. 근데 가만히 보니 인근 호수와 이어지는 것이 아니고 바다로 이어지는 것이었다. 사람들의 발걸음을 따라 다리를 건너 조금 더 걸어가 보았다. 저 멀리 위쪽으로는 누각이 보이고 오르는 길이 여러 개 보인다. 곳곳에 봄꽃이 천연색으로 아름답게 보이고 조금만 더 오르니 작은 페루가 보인다. 이 페루는 중국의 정재계 인사들이 좋은 기운을 받기 위해 사진을 찍었다고 한다. 대운이 지나다닌다고 해서인지 사람들이 모두 사진을 찍기에 우리 가족도 함께 사진을 찍어본다. 한국 사람들이 제법 오는 곳이라 표지판 곳곳에 한글로 함께 표기가 되어 있다. 봉래각은 진시황제가 살아서 두 번 방문하기도 했고, 신선 8명이 바다를 건넜다는 이야기가 전해진다. 진시황제와 한무제 등 역대 황제들이 여기서 불로장생의 약을 찾으러 왔었다는 이야기도 있다. 봉래각은 황학루, 악양루, 등왕각과 더불어 중국 4대 명루의 하나로 일컬어지고 있다. 봉래각은 바다 속 신선이 사는 곳이라는 전설이 있었다. 그래서 옛부터 명 서예가들이 봉래각의 현판을 써주거나 했는데 지금은 청나라 서예가 철보의 서체 및 현판이 남아있다. 내부 곳곳 작은 정원들에는 봄날씨와 어울리게 여러 꽃들이 피어있어 더 아름답다. 봉래각 뒤쪽으로 멀리 바다가 보인다. 아까 보았던 모터보트가 파도를 가르며 달리고 있고 저 멀리는 팔선과 해가 보인다. 바다 끝 길에서 왼쪽으로 가보니 케이블카가 바다 위로 운행을 하고 있었다. 날씨가 너무 좋지만 아침부터 서둘러 나와 지금까지 여정을 거쳐서인지 너무 지쳐 있는 바람에 다시 돌아 나오게 된다. 한 정자 위에는 우리나라의 거문고 같은 중국의 악기를 한 여인이 연주하는 모습이 보인다.

봉래각 내부에서 공연하는 모습

중국의 어딜 갈 때마다 중국 특유의 문화가 보여질 때 우리나라의 한복과 구성진 아리랑이 생각난다. 아침부터 서둘렀음에도 불구하고 시간이 어느새 2시가 넘어간다. 나가는 길목에는 푸드코트와 기념품 상점을 통해서 나오게 되어 있고 출구 쪽으로 가다보면 해상 실크로드 박물관이 있다. 배에 관심이 많은 아들이 마음 급한 나와는 다르게 박물관 안으로 들어간다. 들어가서 본 박물관 내부에는 예전의 배 모형도 있고 중국의 시대별 해상 무역 및 교류한 모습들이 보인다. 한국과의 교류 모습도 보이고 여러 기록들이 관심을 가게 한다. 급하게 나와 팔선과해를 가려 하였는데 웨이하이로 가는 시간과 화샤청 공연 시간을 따져보니 아무래도 팔선과해를 볼 수 없을 것 같다. 가다가 기사님에게 말씀드려 인근에 가서 사진이나 한번 찍고 가자고 부탁을 드렸다.

팔선과해(八仙过海)

중국에 전해 내려오는 유명한 전설중 하나인 팔선과해(八仙过海)에는 여덟 신선이 바다를 건널 때 배를 타지 않고, 각자 특유의 마법 같은 묘안을 가지고 있다고 한다. 팔선과해의 입구에는 당나라와 송나라 시대의 8대 문장가 중 하나인 소동파가 쓴 '팔선과해구(八仙過海口)', '인간선경(人間仙境)' 글씨가 있다. 베틀 트립이라는 프로그램을 통해 본 팔선과해 관광지는 중국 특유 관광지의 모습으로 봉래각에서 보이는 바닷가 옆 모습은 더더구나 운치가 있어 보였다. 기사님께서는 봉래각 자체가 옌타이에서는 오랫동안 역사적으로 의미있는 장소이고 팔선과해는 관광지로서 인위적으로 만든 장소라고 말씀하신다. 마침 봉래각 바로 옆에 있기도 하고 웨이하이 가는 길에 있기에 시간이 급하더라도 잠깐이라도 들렀다 가고 싶었는데 인근에 가보니 차와 사람으로 복잡하다.

팔선과해 입구

기사님께 양해를 구한 후에 비싼 입장료이지만 내부의 기본 구조를 알기에 잠깐이라도 들어갔다 나오려고 했는데 매표소(售票处) 앞에도 사람들의 줄로 가득하다. 입구와 건물이 나오게 가족들과 사진을 찍어본다. 바닷가 옆에 웅장하게 지은 건물과 내부의 커다란 연못들이 중국의 멋을 느끼게 한다.

이곳은 기사님이 말씀하신 것처럼 과거로부터 있던 장소가 아니라 바다를 메꾸어 1996년 전후 해상선경의 테마파크로 만들어진 곳이다. 팔선과해에서 가장 높은 건축물은 42m 높이의 5층 건물누각인 '회신각(会神阁)'이다.

외부에서 본 팔선과해 모습

이곳에 72명의 신선이 모셔져 있다. 이곳의 팔선과해 관광구는 산동성 봉래시 북쪽 황해에 접해 있고 단아산(丹崖山), 장산열도(長山列島)와 바다를 사이에 두고 서로 마주보고 있으며 면적 5.5만㎡이다. 수천 년이래, 팔선과해의 아름다운 전설과 경치와 진시황, 한무제, 당태종 등 황제들의 신기한 이야기가 스며있는 곳이다. 선원루는 팔선과해 관광구 출입하는 문루로 신선들이 왕래하는 누각이란 뜻이다. 망영루는 팔선문화박물관이다. 1층은 목조각과 고전가구 2층은 옥조각, 사기그릇, 칠

그릇, 사벼루 등 예술품이 전시, 3층은 팔선 장수차와 차예 공연관이 있어 여기서는 차를 마시면서 바다 경치를 보면서 파도 소리를 듣는 곳이다. 건축은 두공 비청식에 속하고 그림과 조각으로 화려하게 장식되어 있으며 현판 '망영루'는 당대 유명한 서예가 계공의 글씨이다. 망영루에서 바다를 보면 삼선도를 볼 수 있다는 뜻이다.

중국은 오랜 역사와 함께 우수하고 아름다운 문화재와 유적지들이 지금까지도 남아 있다. 하지만 오랜 세월, 외세의 침입과 약탈, 그리고 내분, 근대에 이르러서는 문화대혁명 홍위병들의 파괴 등으로 많은 문화재, 유적들이 파괴되었다. 2000년대 이르러 각 성의 도시에서는 해당 유적지 등을 복구하고 관광지로 조성하고 있지만 왠지 인공적인 느낌으로 가득한 곳들이 많다. 그럼에도 중국 어딜 가나 중국인들은 자신들의 언어, 역사, 문화 등을 자랑스럽게 여긴다. 팔선과해 풍경구 입구에서 아들과 함께 사진을 담아본다. 어서 서둘러 웨이하이로 가야지!!!

웨이하이(威海)와 화샤청(华夏城)

바이두 지도로 찾아보긴 했지만 잠시 잊고 있었나보다. 기사님과 의사소통의 문제로 웨이하이까지 가는 시간이 생각보다 더 걸린다는 것을 늦게야 알았다. 고속도로를 통해 급하게 웨이하이로 가는 중이다. 아침부터 서둘렀음에도 불구하고 점심 이후로 아무것도 먹지 못했다. 웨이하이에 도착해서는 중국의 3대 공연이라고 불리는 화샤청 공연을 볼 예정이다.

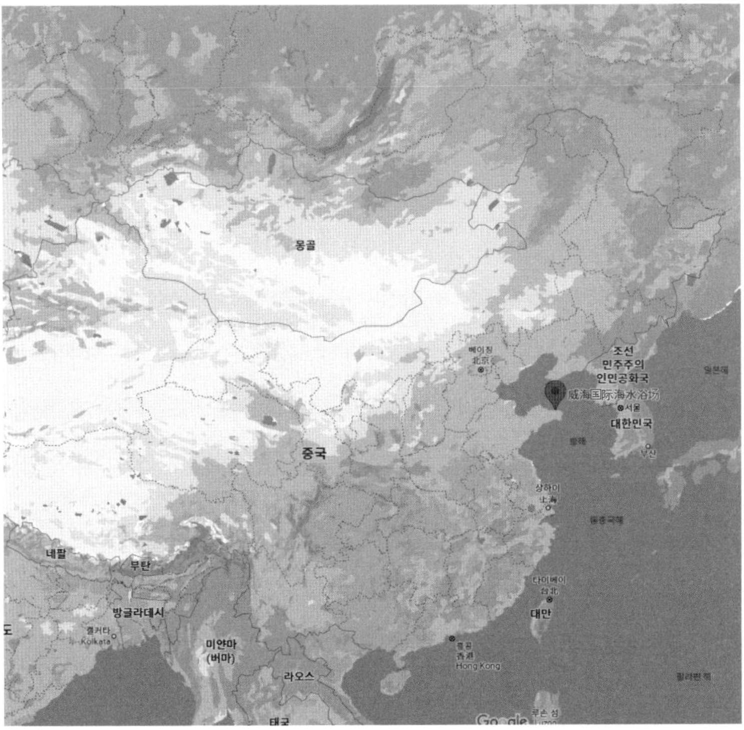

웨이하이 위치

여행사를 통해 대리구매를 했는데 공연시간이 임박해서인지 표를 우리한테 전해 줄 분이 계속해서 전화를 하신다. 입구에서 들어가는 시간이 좀 걸리기에 적어도 공연 30분 전에는 표를 받아야 한다고 하신다. 아무래도 아슬아슬하다. 나의 여행은 늘 이렇다. 그래서 가족들이 별로 좋아하질 않는다. 아들이 배가 고프다고 하여 인근에 KFC를 들러 먹거리 몇 개를 사갔다.

화샤청 공연

중국 산동성 웨이하이(威海)는 조금 전에 있다 왔던 옌타이도 그렇고 한국의 느낌으로 가득한 곳이다. 옌타이의 동쪽에 위치하고 있으며 산동 반도에서는 가장 동쪽 끝에 있다. 웨이하이는 14세기까지 별로 중요하지 않은 어촌에 불과했으나 1398년 일본 해적의 침략에 대비한 방어 정책에 따라 군사적으로 강화되어 둘레가 거의 3.2㎞에 달하는 성벽을 쌓은 요새가 되었다. 청일전쟁 중에는 일본이 이후에는 영국이 그리고 다시 일본이 1949년에는 다시 중국 해군의 기지가 되었다. 현재 웨이하이는 황해에 접해 있는 주요 항구이며, 경공업 중심지이다. 대한민국과 가장 가까운 지역으로 웨이하이 시내에는 한국과 협력을 했다는 거리 표지판들이 보일 정도로 대한민국의 기업이 많이 진출해 있으며, 한국 관광객들도 많이 찾는다. 기사님은 아들이 지금 한국에서 대학을 다니고 있고 사모님 또한 한국에 있어 본인은 기러기 아빠라고 말씀을 하신다. 코로나로 인해 한국 관광객들이 뜸해 여러 어려움을 말하신다.

화샤청 관광지 자체가 한국 사람들이 많이 모여 산다는 한락방 인근에 있었다. 구도심과는 거리가 조금 있으며 새롭게 생긴 신도시로 인근에 웨이하이역도 있다. 중국이 자랑하는 3대 공연으로는 송성가무쇼, 금면왕조, 화샤청을 꼽는데 화샤청(华夏城)은 국가 AAAA급 관광지로 지정된 곳으로 80만 평의 땅에 화샤그룹이 투자하여 새롭게 조성한 현대화된 여행지 안에 있다. 시내에서 산쪽으로 처음 만나는 큰 문을 지나면 단체 관광버스를 제외하고는 진입을 하지 못해 기사님과 헤어져 걸어가야 했다.

화샤청 입구

30분 전에 표를 전해주는 분을 만나기 위해 KFC 햄버거 봉투를 들고 열심히 뛰었다. 간신히 표를 전해주는 분을 만나 입장권을 받고 보니 华夏城의 진짜 입구가 앞에 보인다. 높은 층계를 통해 올라가야 하는데 역시 거대하게 만들어 놨다. 코로나로 인해 입구에서 건강코드를 보여줘야 하는데 갑자기 휴대폰 인터넷이 빙글빙글 돌고 있는 중이다. 이상하게도 중국에서는 다른 지역으로 이동을 할 때 배터리도 잘 소모되고 인터넷이 안될 때가 많다. 마지막 입장객인 듯한 일행들이 꽤 많은 인원이기에 휴대폰을 보여주는 척하고 그들 무리에 껴서 입장을 하였다. 조금만 일찍 왔더라면 인근 아름다운 경치를 즐기면서 갔을 텐데 공연시간에 쫓겨 이렇게 가니 조금은 아쉽다. 어느새 어둑어둑하다. 들어가다 보니 호수와 배가 보이는데 큰 호수가 다 무대이고 배가 관람석이다. 사람들이 거의 앉아 있기에 정신없이 줄을 서면서 자리를 찾아본다.

화샤청 공연

중국인 안내하는 분께 자리를 물어보니 더 위로 올라가라고 하는데 가다보니 우리학교의 선생님들 가족들을 우연히 만났다. 심지어 좌석이 우리 옆과 앞자리다. 그러고 보니 곳곳에서 한국 사람들의 말하는 모습들이 보인다. 코로나 시기라 관람할 수 있을까 불투명했던 부분이 있었는데 다행히 볼 수 있게 되었다. 화샤청 공연은 매년 4월 말부터 10월까지 열리는 야외공연으로 한 번에 1,000명 정도 인원 수용이 가능한 배에 탄 채로 360도 회전하면서 관람을 하게 되는데 배의 뒷부분이 올라가 있어 시야에 가려지는 부분은 없다. 배의 앞부분에는 공연에 대한 설명과 자막들을 보여주는데 왼쪽에는 영어자막과 오른쪽에는 한글 자막이 보인다. 한국 사람들이 정말 많이 보는 공연 중에 하나인 듯하다.

공연이 시작되면 관람석인 배가 산 주위를 제자리에서 360도 돌면서 각 위치에 있는 무대를 관람하게 된다. 600여 명의 배우가 출연한다는 공연은 중국 공연답게 불이 등장하기도 하고 많은 물을 쏟아 붓기도 하고 규모로 관객들을 압도하기도 한다. 화샤청 공연은 중국의 5000년 역사를 표현한 공연이다. 공연은 총 7막으로 구성되어 있으며 태초에는 10개의 태양이 떠 있어서 자랄 수 없어 전설적인 궁수가 활을 쏘아 태양을 떨어뜨린다는 내용을 시작으로 중국부족의 형성 과정, 황허지역의 홍수가 자주 발생하여 우임금이 황허를 치수하는 과정, 찬란한 당나라 문화와 중국 각지의 다양한 문화를 표현, 중국인들이 좋아하는 용이 비상하는 장면과 이를 축하하는 사람들,

마지막으로 세상의 평화를 위하여 부처님께 기도하는 사람들의 모습들을 보여준다. 중국을 세계의 중심으로 보는 역사관과 엄청나게 화려하고 큰 스케일의 공연을 보면서 우리나라도 이러한 관점을 가진 공연들이 있나 생각해 보았다.

한락방(韩乐坊)

좋은 공연을 봤는데 허기진 하루이다. 화샤청 공연장에서 내려와 기사님과 약속한 곳에서 차를 타고 한국인들이 많이 산다는 한락방 인근에서 늦은 저녁을 먹고 호텔로 들어가기로 하였다. 선양의 서탑가나 다롄의 홍메이 시장과는 차원이 다르고 그 규모도 많이 큰 편이다. 원모양으로 둘러쌓인 큰 건물을 중심으로 많은 상가들과 음식점들로 가득한 곳이다. 일산에서 갔을 때 들어가보던 라페스타 상가를 연상케 한다. 상가의 중앙으로 들어가 보니 큰 무대와 함께 야시장처럼 형성이 되어 있다. 코로나 시국이 맞나 싶기도 하고 많은 사람들이 음식점에서 사온 해물들과 맥주들을 앉아서 먹고 있다. 맞아!~ 여행을 떠나 원래 우리의 일상은 이렇게 자유로운 부분들이 있었는데. 이곳에 있는 우리도 조심스럽긴 하지만 왠지 코로나로 자유롭지 못한 삶을 살고 있는 가족들과 친구들이 안타깝기도 하다.

한국식당으로 가득한 상가에서 무엇을 먹을까 고민하면서 늦은 시간이지만 열려 있는 식당 중 한 곳을 골라 들어가 음식을 시켜본다. 가족 모두가 입이 짧기도 하지만 오랜만에 만난 한국식당에서 포만감을 느끼고 싶어 가족 수 3보다 하나 더 많은 음식을 시켜본다. 어찌보면 특별한 음식도 아닌데 낙지볶음, 갈치조림, 잔치국수, 된장찌개를 주문하고 먹으며 한국 식당 주인분께 감사히 잘 먹었다고 더 인사를 하게 된다.

한락방 광장 모습

한락방에서 식사를 맛있게 한 후 한국 마트를 들러 간식거리를 사가기로 하였다. 지나가다가 밀크티와 함께 포장마차에 떡볶이가 있어 주문하여 길거리에서 가족들과 함께 먹어본다. 한국마트에서 컵라면과 과자, 생수 등을 사가지고 숙소에 늦은 체크인을 해본다. 5성급 호텔은 아니고 4성급에서 비교적 가성비가 좋은 체인 호텔인데 컨디션이 좋다. 샤워를 하고 휴대폰으로 찍은 사진들을 보며 하루를 돌아본다. 다롄 공항에서부터 비행기가 취소되어 고생했던 일부터 옌타이라는 도시를 거쳐 웨이하이까지 온 일들.... 나도 참 사서 고생이라는 생각이 든다. 힘들었던 하루를 뒤로 하고 곤히 자는 가족들에게 미안함이 든다.

적산법화원(赤山法华院)

일어나 조식을 먹고 기사님과 호텔 앞에서 8시에 만나기로 하여 서둘러 나갔다. 차를 대절하여 편하긴 한데 시간에 이끌리다 보니 서두르게 된다. 각각 장단점이 있다. 오늘은 웨이하이에서 남동쪽으로 1시간 반 거리에 있는 적산법화원에 가기로 하였다. 블로그를 통하여 많이 검색하기도 했고 함께 근무하는 선생님께서 이곳을 가보는 것이 좋겠다고 추천하셔서 일정에 넣고 자료를 찾아보았다.

적산법화원 안내

웨이하이 일명 위해라는 곳에 한국 사람들이 이리 많은 줄 몰랐고 그 어린 시절부터 배웠던 장보고와 관련된 장소가 있는 지도 몰랐다. 적산법화원은 옛날에 건립된 절이지만 현대에 이르러 다시 지어진 곳이다.

우리가 알고 있는 장보고(787년~846년)는 신라 사람으로 남북국 시대의 통일신라 무장이자 해상 호족이다. 일찍부터 친구 정년과 함께 당나라의 서주라는 곳으로 건너가 승마와 창술에 특출난 재주를 보이며 군인으로서 무령군 중소장의 직책을 받게 되었다.

적산법화원 해신상

흥덕왕 3년(828년) 초에 신라로 돌아온 그는 신라인들이 해적들에게 납치되어 노예로 팔리고 있는 상황을 왕에게 전하며, 완도에 군사 거점을 세울 것을 청했다. 결국 승인을 얻어 1만여 명의 군대를 확보하여 완도에 청해진을 세웠다. 신라인들이 많이 이주한 산둥성 문등현 적산촌에 신라인들이 법화원을 건립

하려 하자 이를 적극 지원하였다. 또한 해적들을 통해서 팔린 신라인 출신 노예들을 사들이거나 주인에게서 되돌려 받아 석방시켰으며, 이들은 신라 출신 이민자들이 건너간 산동 주변으로 옮겨가게 된다. 장보고의 지원으로 법화원은 상주하는 승려가 30여 명 이상이 되었으며, 토지를 기부하여 연간 500석을 추수하는 토지들을 가지고 있었다. 법화원은 인근에 거주하는 신라인의 정신적인 중심지로 성장했고, 법회를 열 때 200~400명까지 인파가 몰려들었다. 골품제와 같은 기존의 신분제에 구애됨이 없이 유능한 인재들을 널리 받아들였고, 또 자신의 진영에 환대하여 신분을 따지지 않고 실력에 따라 대우하여 그들의 능력을 적극 발휘할 수 있게 하였다. 이러한 빈민들을 규합하고, 새로운 활동 무대를 찾아 모여든 인재들을 포용하여, 8세기 이래 왕성하였던 신라인의 해상활동 능력을 적극 활용하여 조직화하였다.

적산법화원은 일본 천태종의 효시인 엔닌 대사가 쓴 입당구법순례행기를 토대로 건립됐다. 순례 행기에는 배를 타고, 적산으로 가서 적산촌에 있는 적산 법화원을 소개하면서 이 절은 장보고가 처음으로 세운 것이라고 소개하고 있다. 또한 당나라 때 신라인 장보고가 창립을 기념하여 신라, 당나라, 일본의 승려들을 모아놓고 법화경을 읽었다는 기록이 나온다. 그의 일기에서 엔닌 대사는 장보고가 건립한 법화원의 행사와 모습과 규모 등을 기행문에 상세히 담았고, 그도 귀국 후에도 교토에 적산선원을 세웠다. 1988년 중국 정부는 한중 양국의 우정을 기념하기 위해 적산법화원의 복원공사를 시작해 1990년 5월에 개관했고, 1994년 7월 25일 대한민국의 김영삼 전 대통령이 장보고기념탑에 친필로 '장보고 기념탑'이라는 글을 남겼다. 인천 차이나 타운에서 시작된 짜장면이 인근 중국의 산둥지방에서 온 화교들에 의해 만들어졌다고 하는데 어찌 보면 그들이 우리 신라인의 뿌리가 되었을 수도 있겠다는 생각이 들었다.

어느새 적산법화원 인근에 도착했고 산길을 통하여 오르막길에 이르렀다. 멀리서도 높은 산속에 붉은색 바위들과 커다란 동상 같은 것들이 보였다.

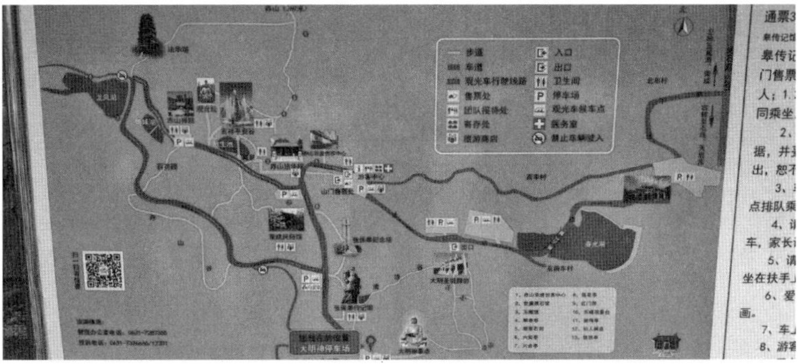

법화원내 셔틀버스 이동 경로

입장티켓과 내부에서 운행하는 셔틀버스를 타고 첫 번째 코스인 해신상 적산명신상 인근으로 갔다. 사실 적산법화원에 가서 가장 큰 동상이 장보고일거라고 생각했는데 아니었다. 바다를 관장하는 적산명신인 해신상이 가장 큰 동상이다. 장보고 자체를 해신에 비유했으며 중국에서 다섯 번째 큰 동상이라고 한다. 그러고 보니 장보고의 이야기를 해신이라는 제목으로 최수종 배우가 출연한 드라마가 있었다. 역시 중국인들답게 크게크게 짓고 그런 것들을 스스로 자랑스럽게 여긴다. 맑던 날씨가 법화원에 이르러서는 흐리고 바람이 분다. 5월 초 산둥지방임에도 바다 바람과 함께 춥다는 느낌을 받는다. 적산법화원 곳곳에는 아름다운 봄꽃들로 가득하였다. 산 곳곳 어디를 찍어도 화보와 같다. 법화원내 셔틀버스는 곳곳에 포인트가 있어 해당 장소에서 타고 내리면 된다. 해신상 정거장에서 내리니 상점이 있었는데 한국 사람들이 워낙 많이 와서 그런지 떡볶이와 오뎅 꼬치를 팔고 있었다. 워낙 반가운 마음에 사먹어 본다. 간혹 중국에서 이러한 음식을 사먹다 보면 중국 특유의 향이 느껴져 곤혹스러울 때가 있는데 전형적인 한국 맛인 오뎅 국물을 리필히게 된다. 해신상에 오르기 전에 아랫부분을 보니 법당답게 초를 꽂아두는 곳이 있었다. 중국의 절이나 법당 같은 곳의 향과 초는 성인 남성 팔뚝만할 정도로 크기가 훨씬 크다. 오르기 전 커다란 해신상을 보면서 사진을 찍었다. 어떻게 이 바닷가 기슭에 저런 것을 세워 놓을 생각을 했을까? 내려보이는 산과 바다의 조화로운 풍경이 아름답다. 해신상 위로 올라가 곳곳을 눈과 사진으로 담아본다. 바다 저쪽으로 가면 우리집 인천이 나오는데... 코로나로 오랫동안 못가본 집과 부모님이 생각난다. 바다를 쭉 내려다 보면 커다란 관우상이 보인다.

적산법화원에서 내려보이는 바다

사람마다 다르겠지만 한국인들은 주로 유비를 덕망있게 보는 반면 중국인들은 관우를 매우 좋아한다. 그래서 재물신으로 관우를 보는 경우도 있어 어느 곳이나 관우상이 있는 경우가 많다. 아까 이곳에 올 때도 느꼈지만 산에 있는 커다란 돌들이 붉은색처럼 보여서 적산이라고 불린다고 한다. 해신상을 본 후 바로 아래로 내려오니 장보고 기념관이 있다. 해신상의 크기보다는 작지만 장보고 기념관 앞의 장보고 동상이 있어 기념사진을 찍었다. 어찌보면 장보고는 신라 사람인데 어떻게 이 먼 곳에 해상왕 장보고에 대한 전기와 그 당시 유물들이 전시되어 있을까 신기하다. 장보고 기념관에는 한국어로 되어있는 설명들이 많아서 한국인 관광객들이 관람하기에도 좋다. 장보고는 앞에서도 언급했지만 신라사람이지만 어린시절 당나라에서 벼슬을 했다가 본국인 신라로 돌아온 사람이기 때문에 당나라에서도 인정 받는 사람이다. 장보고 기념관에는 장보고와 관련되어 한국의 흔적들 그리고 해신이라는 드라마와 출연진에 대한 소개가 있었다. 장보고 기념비와 함께 어우러진 꽃들을 본 후 셔틀버스를 타고 관세음보살 동상과 연화분수대로 향했다.

360도 회전하는 관음보살상

버스에서 내리자마자 사람들이 뛴다. 하루에 두 번씩 진행한다는 극락보살 분수쇼를 보기 위해서다. 분수 쇼는 불교의 음악과 함께 진행되는 분수공연이다. 분수 쇼는 하루에 2~3회 정도 열리는데 법화원 관음전 앞에 청동으로 만들어진 25.8m 높이의 관음보살상을 중심으로 사천왕과 동자상 그리고 용등이 배치된 조형물로 이루어져 있다. 불교음악에 맞춰 진행되는 분수 쇼는 약 15분간 계속되는데 360도 회전하는 관음보살상과 불을 품어내는 사천왕 최고 31m까지 쏘아 올려지는 분수로 만들어진 물안개는 관음보살상의 웅장함과 더해져 극락세계인 듯 착각을 불러일으키기도 한다. 중국 특유의 음악과 묘한 분위기가 어우러진다. 분수 쇼를 본 후에 멀리 높게 보이는 법화탑을 가기 위해 다시 셔틀버스를 타는데 거기는 걸어서 가야 한다고 한다.

걷고 또 걸어서 법화탑 꼭대기까지 올라갔다. 적산법화원 일대가 아름다운 꽃으로 물들어 있고 저 멀리 바다까지 보인다.

웨이하이 랜드마크 행복문(幸福门)

적산법화원에서 웨이하이역으로 간 후 칭다오로 가는 고속열차를 타야 한다. 다소 늦은 점심을 먹어야 해서 한락방에서 점심식사를 한 후 가볍게 웨이하이 랜드마크인 행복문을 둘러보았다.

중국은 복(福)을 중시하는 문화를 가진 나라이기 때문에 복으로 시작하나는 건물이나 여행지가 많다. 웨이하이 행복문은 한자 문(门)을 본따서 지은 건물로 높이 45미터로 아파트 높이로 따지면 14층 정도가 된다. 바지모양의 비슷한 건물을 워낙 많이 봤기에 특별하지는 않다. 행복문 제일 위쪽은 웨이하이시 전경을 한눈에 구경할 수 있는 전망대가 보이고 레스토랑과 게 전문 요리점도 있다. 산이나 탑을 굳이 올라가는 스타일이 아니기에 사진만 찍기로 한다. 행복문은 웨이하이 해안선의 시작점으로 많은 사람들이 만복도를 밟고 행복문을 지나면서 복을 기원하는 곳이기도 하다. 행복문을 지나면 바로 앞에 청동으로 만들어진 만복도(万福图) 조형물이 있다. 청동조형물 위에는 108가지 서체로 적혀진 복(福)자가 있는데 조형물의 복자를 밟으면 만복이 찾아온다는 의미로 많은 사람들이 찾는다.

웨이하이 행복문

다시 한락방 인근의 웨이하이역으로 기사님이 태워다 주셨다. 여권과 사전에 수령해 놓은 고속열차 티켓을 보여주고 역사 안으로 들어가려고 하는데 역무원이 뭐라고 한다. 가만히 보니 어제 날짜의 티켓이었다. 나도 모르게 사전에 티켓을 끊을 때 날짜를 헷갈렸던 것 같다. 급하게 매표소(售票处)에 들러 2시간 후의 기차표를 다시 끊었다. 가족과 함께 헛웃음이 나왔다.

옌타이와 웨이하이

다롄에서 살면서 동북 3성(랴오닝, 지린, 헤이룽장)이 과거에 우리 민족 삶의 터전이었던 흔적들을 직접 눈으로 확인할 수 있었다. 그러면서 또 한편으로는 거리를 오가는 사람들 중에 분명 우리 민족임에도 중국인으로서 살아가는 사람들이 있을

적산법화원내 장보고 기념관의 동상

것이라는 생각을 해보았다. 옌타이와 웨이하이가 골프 등 관광으로도 유명하지만 우리 조상의 흔적들도 꽤 있다. 특히 적산법화원의 장보고의 흔적들과 한국 음식과 상점으로 가득한 한락방을 보면서 우리 대한민국을 다시 한번 생각해본다. 작은 나라인데 이 존재감들은 무엇일까? 이곳만큼 한국의 흔적으로 가득하다는 칭다오 행 기차를 타면서 묘한 설레임과 익숙함을 나도 모르게 느끼게 된다.

4장

맥주와 양꼬치 칭다오(青島)

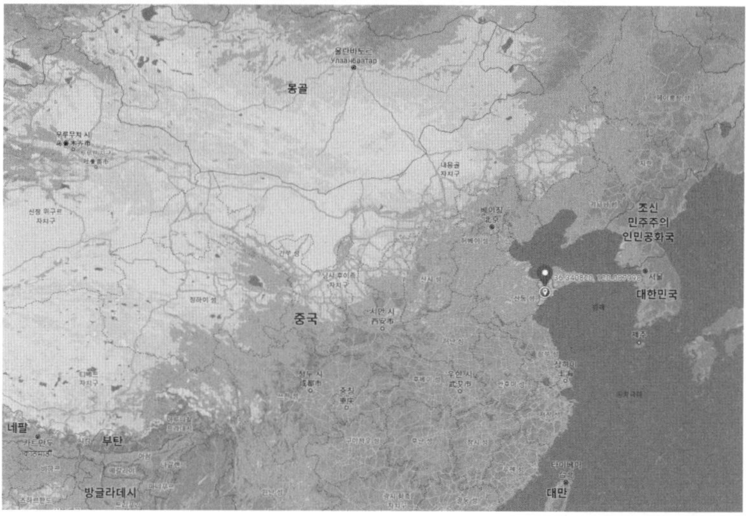

칭다오북역과 칭다오 위치

한국인들이 쉽게 가장 많이 찾는 장소로 칭다오를 들 수 있다. 내가 최초로 중국에 갔던 도시가 지난이다. 각각 어디에 위치하고 있나 찾아봤더니 둘 다 산둥성에 속해 있으며 성도는 우리에게 잘 알려진 칭다오가 아니고 지난이다. 그럼에도 불구하고 산둥성에서 가장 번화한 도시는 칭다오이다. 한국의 한 예능에서 양꼬치에 칭다오라는 이야기가 공식처럼 나와 칭다오란 이야기가 나오면 양꼬치와 칭다오 맥주가 생각난다.

칭다오는 중국 북부에서 제일 가는 천연항 가운데 하나로, 산둥 반도 남쪽 해안에 있으며 자오저우 만 동쪽 어귀에 있다. 이 만은 혹독하게 추운 겨울에 때로 얼어붙기도 하지만, 대형 선박은 언제나 드나들 수 있다. 칭다오는 본래 보잘 것 없는 어촌이었으나, 청대(1644~1911)에 칭다오커우[靑島口]라는 세관이 세워지면서 대규모 무역이 발전했다. 1880년대 북양함대를 창설하면서 중국 정부는 칭다오의 전략적 중요성을 인식하고, 이곳에 소규모 해군 보급기지와 요새를 설치했다. 1897년 이 지역에 눈독을 들여온 독일 정부는 자국 선교사 피살사건을 구실로 군대를 급파해 칭다오를 점령했다. 1898년에는 중국 정부에게 배상금을 지불하도록 요구했고, 산둥의 철도경영권과 광산채굴권을 포함해 자오저우 만과 그 주변지역을 99년 동안 조차해주도록 압력을 넣었다. 이에 따라 칭다오는 1899년 자유항으로 선포되었고, 근대식 항구시설도 들어섰다. 또한 지난[济南]까지 이어지는 철도도 놓였다. 칭다오는 유럽풍의 근대적 도시로 설계되었으며, 여러 공장들도 들어섰다.

1914년 일본이 독일을 상대로 선전포고한 것도 무엇보다 칭다오를 확보하려는 것이 목적이었다. 1914년 11월 일본은 이 항구를 봉쇄한 뒤 손에 넣는 데 성공했다. 1922년 워싱턴 회의의 결과에 따라 중국에 반환할 때까지 이곳은 일본에 점령되어 있었다. 그러나 일본은 이 기간 동안 칭다오뿐만 아니라 산둥성 내지에도 강력한 거점을 구축해두었다. 1929년 칭다오는 난징[南京] 국민정부의 효과적인 통제 하에 들어갔으며, 이어 특별시가 되었다. 항구로서 계속 발전한 칭다오는 1930년 무렵에는 교역량에서 경쟁 항구인 톈진[天津]을 압도했다.

칭다오의 상징 5.4광장

그 후에도 톈진을 누르고 계속 성장했다. 1938년 일본이 다시 칭다오를 점령하여 1945년까지 점령하고 있었는데, 이 시기에 괄목할 만한 산업 발전이 이루어졌다. 양조공장에서는 중국에서 매우 유명한 맥주가 생산된다. 칭다오는 동서를 잇는 철도 노선의 종착역으로, 옌타이 항과 철도로 이어져 있다. 1시간 40분 정도 지나니 칭다오북역 하차 방송이 나온다. 원래는 칭다오역까지 가서 5.4 광장의 야경을 보려했으나 피곤함으로 가득한 하루였기에 아쉬움을 뒤로하고 칭다오북역에서 내렸다.

한국인 거리 청양

오늘 우리 가족이 머무르기로 한 숙소는 칭다오에서 청양이라는 곳에 위치한 곳이다. 어떻게 하다 보니 계속 홀리데이 인이라는 호텔에 머무르게 된다. 다소 아쉬운 점은 칭다오역 인근의 시내와는 1시간가량 떨어져 있는 칭다오북역에서 가까운 곳이다. 칭다오북역에서 내리니 비가 한 두 방울씩 내린다. 띠디를 불러서 청양에 있는 호텔로 향했다. 청양(城阳)은 웨이하이의 한락방처럼 칭다오에 있는 한인촌이라고 하겠다. 굉장히 긴 거리에 즐비하게 보이는 길거리 간판은 마치 한국에 온 것처럼 한글 간판이 보이고, 식당이나 상점에서는 한국말을 어렵지 않게 들을 수 있다.

청양내 한국인 상가

청양은 칭다오 국제공항과도 가깝다. 다만 아쉬운 점은 내일 가기로 한 시내와 한 시간 거리에 있다는 것이다. 청양에서는 중국말을 못해도 생활하는데 큰 불편이 없다. 호텔 인근에도 한국 상품을 주로 판매하는 수퍼마켓과 한국 식당들이 많다. 호텔에서 체크인을 하고 가방을 정리한 후 저녁을 먹으러 호텔 주변으로 나가본다. 한국 고기 집들과 한국식당 천지이다. 이번 산둥성 여행은 한국음식을 많이 먹을 수 있다는 게 좋고 편하다. 깨끗한 호텔과 조식까지... 살짝 오는 비와 함께 청량한 느낌을 받는다. 그래서 청양인가?

5.4 광장(五四广场)

아침에 다른 날보다 여유 있게 일어나 조식을 먹고 짐을 호텔 카운터에 맞기고 지하철을 이용해 칭다오역으로 향했다. 칭다오의 주요 관광지는 칭다오역 인근에 몰려있다. 2박 3일의 일정으로 산둥성의 3대 주요도시를 다 돌고 가는 힘든 여정을 짜면서 욕심이 많았다.

5.4 광장

특히 중국에서 여행을 하면서는 다시는 안 올 수도 있는 곳이기에 해당지역을 가다보면 욕심과 아쉬움이 가득하다. 다만 무리한 일정을 짜면서 가족에게 미안한 생각이 든다.

칭다오역 인근에 있는 5.4 광장을 시작으로 오늘 여행을 해본다. 5.4 광장은 5.4 운동을 기념하기 위해 조성된 광장이다. 어제 칭다오에 늦은 시간에 도착하면서 아쉽게 생각한 것이 5.4 광장의 야경을 못 본 것이다. 5.4 운동은 1919년 5월 4일에 중국 베이징의 천안문 광장에서 시작해 중국 전역에 퍼져나간 항일, 반제국주의 운동이다. 독일의 1차 대전 패전으로 산둥을 조계지로 점령하고 있던 독일의 권리를 일본이 양도받아 가져가면서 중국인들의 반일 감정에 불을 지피며 시작되었다. 5.4 광장의 상징은 붉게 타오르는 횃불을 형상화한 기념탑이다. 주변의 높은 빌딩과 앞에 펼쳐져 있는 바닷가와 함께 중국답게 큰 규모를 자랑하는 광장이다. 비가 내려서였는지 조금은 쌀쌀하다. 지하철역에서 내려 바이두 지도를 찾아보면서 5.4 광장을 향해 갔다. 그러고 보니 오늘 아침 일찍 이곳에서 마라톤대회가 열렸던 듯하다. 우리나라와 마찬가지로 중국도 건강과 관련해 관심이 높고 거리에 여가생활을 위해 러닝과 싸이클을 타는 사람들이 제법 많다. 마라톤을 하고 난 후 기념 티셔츠에 배번을 부착하면서 가는 사람들 그리고 해안가에 이르렀더니 마라톤 코스 경계를 이루는 대형 깃발들이 가득하다. 예찬이가 따뜻한 음료수를 먹고 싶다고 하여 눈에 보이는 CoCo 밀크티 상점에 들어가 음료를 샀다.

5.4 광장 인근 요트 경기장

5.4 광장에서 가족과 함께 인증샷을 찍어본다. 그러고 보니 5.4 광장 바로 옆 바닷가가 2008년 베이징올림픽 당시 요트 경기장이 있던 곳이다. 지금도 많은 요트들로 가득하였다. 올림픽 당시 요트 경기장을 만들면서 주변이 신 시가지로 커져갔다고 한다. 지금은 호텔, 대형 쇼핑몰, 카페, 레스토랑들이 즐비하고 물 위에 정박한 요트가 주변 고층 숲과 묘하게 어울리는 이곳 풍경이 나름 이색적이다. 저녁 무렵에는 이곳 고층 빌딩들이 스크린으로 된 듯 화려하게 진행되는 조명쇼도 근사하다고 한다. 우리나라 3.1운동과 비견되는 5.4운동을 상징하는 붉은 조형물! 5월의 바람을 형상화한 것으로 타오르는 횃불을 표현하기도 했다는 이 거대한 조형물이 칭다오의 상징이다.

칭다오 맥주 박물관(青岛啤酒博物馆)

칭다오의 양꼬치! 중국에 오기 전 한국 집 인근 상가 1층 대부분이 양꼬치 집으로 바뀌던 생각이 난다. 상가 밖으로는 일부러 칭다오 맥주 박스를 꺼내놓고 점원들이 손님을 호객하곤 하였다. 그 말로만 듣던 맥주 박물관을 갈 생각을 해본다. 5.4 광장 커다란 빌딩 앞 차도 쪽으로 걸어나와 띠디를 불렀다. 칭다오 맥주 박물관은 15분 정도 거리에 있다. 박물관 앞의 맥주 거리에 다다르니 긴 행렬의 줄이 보인다. 맥주 거리에 앉아서 바지락 볶음과 함께 맥주 한잔 해도 좋을 것 같은데… 상상으로만 그치기로 하였다. 아무래도 띠디에서 내려 줄을 서야 할 것 같다. 줄을 서다보니 옆으로 보이는 큐알코드에 사람들이 휴대폰을 가져다 댄다. 아무래도 건강코드는 아닌 것 같고 큐알코드를 통해 전자티켓을 휴대폰으로 구입해야 하는 것이다. 블로그와 여행 책자에서 볼 때의 설명과는 조금 다른 느낌이 난다. 일단 어른 2명과 학생 1명 티켓을 간신히 구입하니 입장하는 입구로 들어갈 타이밍이 되었다.

칭다오 맥주 박물관. Beer를 우리나라에서는 맥주(麥酒)라고 하는데 중국에서는 피주(啤酒)라고 한다. 우리는 Beer를 보리로 만든다고 해서 보리 맥(麥) 자를 써서 맥주라고 하고 중국은 비어의 발음을 차용해서 맥주 비(啤)자를 쓰는 비주라고 한다. 중국은 음을 비슷하게 차용해서 사용하는 경우가 많다. 특히 다국적 기업의 상품이나 패스트 푸드점의 이름이 그렇다. 앞에서도 이야기했지만 독일이 청나라로부터 산둥 반도를 빼앗아 조계지로 만들었는데, 맥주와 소시지를 좋아하는 독일인들이 독일의 맥주 기술을 들여와 1903년에 만든 회사가 칭다오 맥주이다. 독일이 조계지로부터 철수하면서 이 맥주회사를 일본 맥주회사가 인수하였으나 1949년에 중국 공산당이 칭다오 국영 맥주로 국유화하였다.

칭다오 맥주 박물관 내부

입구로 들어간 건물에서 마당으로 나오면 1903년에 설립된 칭다오 맥주 100주년을 기념해 세운 조형물이 보인다. 2003이라고 써 있는 걸 보니 100주년 기념으로 만든 것이다. 칭다오 맥주박물관은 중국 국가지정 관광지 등급 AAAA(4개)의 관광지이다. 중국은 국가에서 선정한 관광지를 A 개수를 활용해 그 등급을 나누는데 A가 많은수록 등급이 높은 것이다. 국가지정 관광지의 최고 등급은 AAAAA(5개)이다. 또 다른 건물의 옥상에는 커다란 칭다오 맥주 캔 조형물이 4개 올라가 있다. 조형물 등에서 기념 촬영을 하고 박물관 안으로 들어가 본다. 박물관은 A관과 B관이 있는데 티켓을 스캔을 하고 A관 먼저 입장을 하였다. A관에 들어가면 칭다오 맥주의 역사적 사진들과 설명하는 글들을 볼 수 있다. 또한 맥주병과 캔맥주 디자인이 시대별로 변화된 모습을 보여주고 있다.

칭다오 맥주의 상징 로고는 바다 위에 떠 있는 섬과 정자이다. 이것은 칭다오의 앞바다에 있는 잔교의 모습을 형상화한 것이다. 다양한 칭다오 맥주의 모습을 보고 다시 밖으로 나왔다. A관에 이어 B관으로 입장을 하면 초기에 맥주를 만들었던 시설과 모습들, 그리고 현대의 맥주 만드는 시설과 공정들을 보여준다. 맨 나중에는 생산된 칭다오 맥주의 병과 캔을 자동화된 기계로 포장하는 모습도 보인다. 중간에 종이박스가 기계에 끼었는지 사람이 나타나 구겨진 종이를 빼내고 다시 기계를 작동시킨다.

칭다오 맥주 박물관

박물관 마지막쯤에 가면 맥주를 사서 먹거나 기념품을 구입하는 샵이 있었다. 사람들이 맥주를 구입해서 먹는 모습들이 보이기도 한다. 생각보다 공간이 작았고 분명 티켓을 구입하면 맥주를 먹을 수 있다고 하였는데 잘못 알고 있는 것인가 싶었다. 하지만 조금만 더 이동을 하면 맥주를 먹을 수 있는 공간이 나온다. 티켓의 가격에 따라 조금씩 다르긴 한데 우리가 구입한 티켓으로는 맥주 1잔과 땅콩을 먹는 것이다. 학생 티켓으로는 비알콜 음료를 준다고 하였는데 없다는 말에 아들 몫까지 내가 다 마셔버렸다. 워낙 손님이 많기에 티켓을 확인하고 주는 것이 아니고 잔뜩 따라 놓으면 가져가서 먹는 상황이다.

맥주를 급하게 마시고 나왔더니 커다란 기념품 샵이 나왔다. 아들과 와이프는 아이스크림을 먹으며 다양한 기념품을 구경하였다. 성인임에도 불구하고 구입하고픈 욕구를 갖게 하는 기념품들이 많았다. 작은 열쇠고리와 함께 땅콩세트를 구입해본다. 말로만 듣던 칭다오 맥주 박물관에 와보다니... 신기하다.

샤오위산(小鱼山)

칭다오에서 산에 올라가 뷰를 보기 좋은 곳이 샤오위산과 신하오산이다. 둘 중에 하나를 선택해야 할 것 같아서 바다 뷰가 보기 좋다는 샤오위산꽁위엔(小鱼山公园)으로 다시 띠디를 잡아 타본다. 주택가를 지나 조금은 높은 곳으로 이동하는가 싶더니 공안이 더 이상 진입을 못하게 막았기에 차에서 내렸다. 이곳도 노을 질 무렵 바라보는 칭다오 시내 뷰가 좋다고 들었지만 일단 낮 나름의 뷰도 예쁘다고 한다. 샤오위산을 찾아

가는 길은 정말 동네 주택가의 느낌이다. 주택을 예쁜 카페로 바꾼 곳도 있고 나무들 그리고 예쁜 꽃들과 함께 분위기가 좋은 곳들도 있다.

샤오위산 입구

어느 집 앞에 많은 사람들이 서성이고 있길래 다가가서 보니 변법자강운동을 주도한 캉유웨이(康有为)의 고택이었다. 공원의 입구로 보이는 곳에 다다르니 이쁜 카페들 앞으로 사람들이 줄을 서 있다. 노동절 연휴인데 붐비지는 않는다. 고즈넉하면서도 아름다운 경치와 카페로 가득한 이곳 사람들은 대부분 20~30대 또는 연인들이었다. 매표소에서 표를 구입하여 입장을 해본다. 아무래도 내가 살던 인천에서 보았던 자유공원 느낌이 난다. 샤오위산은 해발 60m 남짓이라 오르는데 힘들지는 않다. 하지만 아침부터 서둘렀고 이번 여행이 워낙 많은 코스를 끊임없이 다녔기에 가족들이 힘들어 한다. 샤오위산은 오래전 어민들이 그물과 생선을 말리던 언덕이라는 뜻으로 鱼山이라 이름이 붙었다. 1984년 공원으로 조성되면서 지어진 정자와 18m 높이의 누각 전망대가 있다. 정자 인근에 가보니 멀리 신하오산도 보이고 칭다오의 아름다운 바다가 보인다. 바다와 함께 해안 주변 붉은 지붕의 집들이 연출하는 분위기는 중국의 어느 도시가 아닌 유럽처럼 이국적인 느낌이다.

샤오위산에서 보이는 칭다오 해안

덥지 않은 날씨 봄바람과 함께 꽃을 느끼는 사람들의 모습에서 여유가 보인다. 중국 속의 작은 유럽이라는 말이 빈말이 아닌 듯하다. 좀 더 탁 트인 도심 뷰를 보고 싶어 누각 전망대인 란차오거에 올랐다. 정자 위로 올라가 보니 더 아름다운 경치가 보인다. 바닷가에서 속도를 뽐내는 보트와 넓은 바닷가. 곳곳이 포토존이다. 좀 더 여유 있게 이곳을 느끼고 가고 싶다. 정자에서 내려와 사람들이 그늘 가에서 앉아 쉬고 있다. 사온 간식과 함께 물을 먹었다. 오늘 돌아간다는 생각에 아쉬움이 남는다. 여행은 늘 아쉽다. 하지만 돌아오는 비행기나 기차에서는 추억과 함께 다음 여행을 계획해본다. 샤오위산에서 내려오는 또 다른 길은 아름다운 풀숲으로 되어있다. 인근에 있는 천주교 성당을 천천히 걸어가 보기로 하였다. 그러고 보니 점심때가 지났는데 배가 고프다.

천주교당

샤오위산에서 내려와 천주교당으로 가는 길은 그다지 멀지 않고 운치를 더해주는 곳이다. 구조가 비슷하지는 않지만 삼청동길이나 정동길의 고즈넉한 느낌을 받는다. 곳곳에 카페와 식당들이 위치하고 있다.

천주교당 입구

노동절 연휴 사람들로 가득한 이곳이다. 천주교 성당은 독일이 산동지역을 조계지로 점령했을 때 지은 성당이다. 중국의 헌법은 개인의 종교의 자유를 보장하고 있으며 종교로 인하여 차별 받지 않을 권리를 보장한다고 쓰여 있다. 하지만 실제로 중국 정부는 종교를 탄압하고 있으며 종교의 자유를 인정하지 않고 있다. 정부의 지침이나 감시를 따르지 않으면 교회를 폐쇄하고 십자가를 철거하기도 한다. 티베트와 라마교와 위구르족의 이슬람교를 탄압한 사례는 너무나도 잘 알려져 있다. 미국과 유럽에서는 중국을 종교의 자유와 함께 소수민족의 인권을 침해하는 나라로 규정하고 비판하고 있다. 헌법은 종교의 자유를 보장하지만 종교인들은 자유를 누릴 수 없는 나라가 중국이기도 하다.

샤오위산에서 내려와 지도를 보면서 천주교 성당을 찾아간다. 가는 길에 해양도시 칭다오답게 곳곳에 해물 요리 집이 있다. 바지락 볶음 등을 맛보고 싶었는데 날씨가 더워짐에 따라 탈이 날 수도 있다고 옆에서 이야기하여 일단 지나쳐간다.

천주교당 인근 버스킹을 하는 사람들

사람들이 많이 모여 있고 성당의 외형이 보이는 곳이 보인다. 올라갔더니 젊은이들과 연인들로 가득하다. 성당을 배경으로 사진을 찍거나 결혼식 웨딩사진을 찍는 사람들로 가득하다. 음료나 아이스크림을 팔거나 가벼운 기념품 등을 파는 노점상들이 있다. 성당의 내부는 입장티켓을 사서 들어갈 수 있으나 비슷한 성당들을 많이 다녀봤기에 굳이 내부를 볼 의미는 없었다. 성당 앞에는 무엇보다 웨딩 사진을 찍는 신혼부부들이 많다. 중국도 우리나라와 같이 웨딩사진에 들이는 공이 매우 크다. 특이한 점은 중국 신부들의 웨딩드레스가 흰색도 있지만 빨간색을 입는 경우도 많다. 다시 반대편 길로 내려오다 보니 아름다운 카페와 특유의 낭만적인 소품 등을 활용해 분위기를 내는 노점상들이 있다. 길거리에서 버스킹을 하는 사람들도 있다. 허기가 져서 중국에 있을 때 특별히 식사를 하기 어려울 때 찾는 KFC를 들러 늦은 점심을 먹어본다. KFC의 가격이 중국의 노동자들의 임금으로 따져 봤을 때 일반적인 식사비로 절대 싼 것이 아님에도 빈자리를 찾기 어렵다. 포만감으로 나와 내리막길을 걷다보니 저 멀리 칭다오 맥주 표면에 그려져 있는 잔교가 보인다. 길을 건너 사람들로 북적이는 곳으로 들어가 본다.

잔교

오늘도 우리 가족은 제법 많이 걸었다. 걷다 보니 어느덧 바다가 보인다. 하도 걸었더니 벌써부터 발이 무겁다. 잔교는 1892년 청나라 때 건설한 군용 부두였다. 칭다오에 건설된 최초의 부두로 폭 10m, 총 길이는 200m에 달했다. 독일이 칭다오를 점령하고부터는 화물 운송 용도로 사용되었다. 1931년 해군전함을 정박시킬 목적으로 길이를 440m로 늘려 재건한 것이 현재의 모습이다. 1984년과 1998년 두 차례 전면 보수 시 화강암을 사용해 더욱 튼튼해졌다. 오른쪽 나뭇가지 아래로 잔교가 살짝 보이고 왼편으로는 군함이 정박해 있는 것이 보인다. 저 멀리 잔교 끝에 있는 정자와 수많은 인파들이 한눈에 들어온다.

잔교(栈桥)란 콘크리트나 철제로 만든 기둥 위에 평판을 올려 만든 해안가의 접안 시설을 말한다. 사다리 잔(栈), 다리 교(桥)를 쓰는데 잔교 끝의 섬에 세워진 정자의 이름은 회란각(回澜阁)이다. 회란각은 칭다오 맥주의 로고에 그려 있는 건물의 모델이 된 건물이다. 잔교 곳곳에는 지나가다 촬영을 하는 사람들, 노점에서 먹거리를 구입해 먹는 사람들 그리고 주요 관광지에서 카메라로 촬영해 돈을 받고 사진을 파는 사람들이 있다.

잔교의 모습

아침부터 나와 칭다오 곳곳을 다녔는데 어느새 바닷가 끝으로 석양이 밀려온다. 바다와 함께 곳곳이 아름다운 사진 스팟들이 보인다. 어느새 우리 여행의 끝이 다가온다. 칭다오역으로 가 지하철을 타고 다시 청양으로 간다. 청양에 있는 호텔에 가서 짐을 찾고 한식으로 저녁을 먹은 후 인근 공항에 가 다롄으로 돌아갈 예정이다. 중국 여행은 늘 그랬던 것 같다. 설레이기도 하고 걱정되기도 하고 그러다 하루하루 일상을 보내고 나면 아쉬움이 몰려오는... 아쉬움을 생각하며 회란각에서 잠시 생각에 잠겨본다. 해변 쪽을 바라보니 빌딩들 뒤로 노을이 지고 있다.

가깝고도 먼 칭다오

한국에서부터 아는 분들이 많이 다녀온 중국 도시 중 하나가 칭다오였다. 너무 가깝기도 하고 쉽게 다녀올 수도 있기에 중국에 와서는 여행지로 고려해보지 않은 도시였는데 인근 지역과 함께 다녀올 수 있어서 나름 좋았던 여행이었다. 대도시라 여행자가 쉽게 다니기 좋게 인프라가 잘 구축되어 있어 편했고 무엇보다 한국 사람들이 많이 사는 곳이라 익숙한 느낌이 들었다. 여행지 중 하나이지만 말로만 들었던 칭다오 맥주 박물관을 직접 가보고 원산지에서 맥주를 직접 맛 본 기억이 오랫동안 남을 것 같다.

칭다오역 전경

조계지로서 다른 나라에서 남긴 흔적을 본인들의 것으로 유지하고 지금까지 이어오는 모습들도 대단하다는 생각이 든다. 칭다오 류팅 공항에서 산둥항공 비행기를 타고 다롄으로 가본다. 코로나로 나라간 이동이 힘든 시기에 국내 여행에 비행기를 자유롭게 타고 다닌다는 사실도 놀랍고, 칭다오에서 다롄으로 오는 거리만큼 내가 사는 인천도 비슷한 거리인데 한국에 다녀오고 싶은 생각도 든다. 코로나 사피엔스로 살고 있지만 언젠가 끝날 날이 오긴 하겠지?

5장
중원의 고도 뤄양(洛阳)

중국의 중원에 대한 동경

반복적이긴 하지만 팬데믹이라 불리는 코로나가 이제는 많이 안정되어 중국은 지금 여행이 매우 자유로운 상황이다.

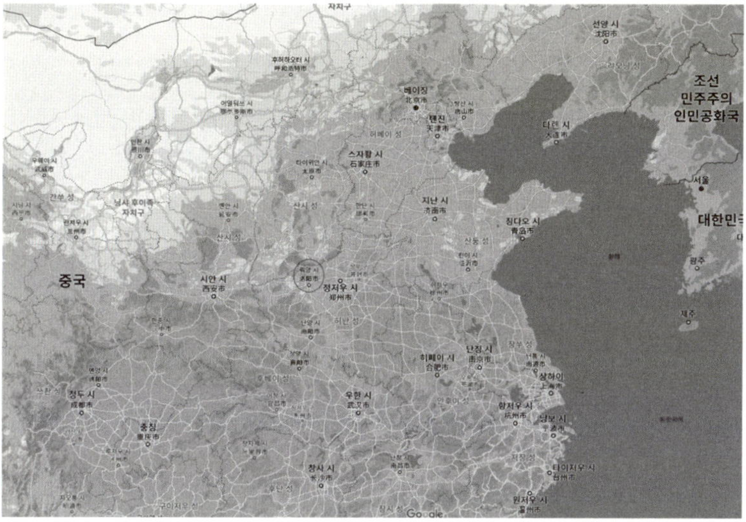

뤄양의 위치

물론 중국 사람들은 이전부터 조금씩 이동을 했던 편이었지만 아무래도 학교에 소속되어 있는 교사의 신분인지라 조심스럽고 한번 더 생각해야 하는 번거로움이 있었다. 하지만 근래는 성간 이동도 매우 자유롭게 하는 터라 지난 여행에 이어 본격적으로 다시 한번 여러 장소를 생각해본다. 첫해 역사의 도시 시안을 다녀온 적이 있었다. 짧은 일정에 정말 꼭 가보고 싶은 병마용, 화청지 등과 시안 시내 인근의 유명한 장소들만 다녀오게 되었다. 최초의 계획에는 장안의 화제라는 말이 나올 정도의 당나라 국제도시 장안(시안)과 함께 여러 나라의 고도였던 낙양(뤄양)이라는 도시도 꼭 가보고 싶었다. 그래서 고속열차를 타고 한나절을 다녀올 생각이었으나 급한 여행은 여러 무리수를 두므로 다음을 기약해야 했다.

뤄양 룽먼석굴 입구

그러면 중원에 있는 중국의 고도에는 시안 이외에도 뤄양과 함께 어디가 있을까 찾아보았더니 개봉(카이펑)과 정저우라는 도시가 있었다. 바이두 지도를 찾아보고 비행기, 고속열차의 동선을 고려해보니 다롄에서 비행기로 정저우를 통해 뤄양과 카이펑을 모두 갈 수 있었다. 정저우는 중원에 있는 도시로 주변의 도시들과 교통이 매우 잘 되어 있는 편이다. 다롄에서 직항 비행기로 갈 수 있는 정저우(郑州)라는 도시는 어떤 곳일까? 정저우는 1954년 이래 河南(허난)성의 성도이다. 정저우는 대평원으로 진입하면서 넓어지는 황허강(黃河) 남쪽 유역과 숭얼 산맥 동쪽 끝에 있다. 이 도시는 남북으로 타이항 산맥과 허난성 서부 산맥의 가장자리를 따라 난 길과, 동서로 황허강 서안을 따라 놓인 길이 교차하는 곳에 있다. 1950년대 이후 발견된 고고학적 유물들은 이 지역이 신석기인들의 주거지였으며, BC 1500년경부터 번성하기 시작한 은나라의 청동기문화가 성곽도시에 집중되어 있었음을 보여준다.

정저우동역

정저우 외곽에서는 거대한 공공건물의 유적뿐 아니라 작은 주거단지도 발견되었다. 이 유적지를 은의 수도였던 오라고 보는 것이 일반적인 견해이다. 은나라는 계속해서 도읍을 옮겼는데 BC 13세기 무렵 오에서 다른 곳으로 이동한 듯하나 이곳에는 계속해서 사람들이 거주했다. 수 · 당 · 북송 시기에 이곳은 아주 중요한 도시였다. 이 부근에 거대한 곡창단지가 생겨 서쪽으로는 도읍지 뤄양과 장안에, 북쪽으로는 변경의 군대에 곡

물을 공급했다. 그러나 송대에 도읍이 동쪽에 있는 카이펑으로 옮겨가자 이 도시는 중요성을 상실했다. 이렇게 크고 과거로부터 중요한 8대 고도 중 하나였지만 다른 주요 고도들에 비해 현재 남아 있는 유물 유적이 생각보다 없는 편이다. 인근 황허유람구와 유명한 소림사가 있긴 하지만 짧은 일정에 정저우라는 도시에 오래 있을 수 없기에 도심에 있는 2.7 기념탑의 방문 정도를 생각해본다.

아침 일찍 다롄 공항에서 정저우 신정 국제공항으로 가는 비행기에 오른다. 공항에 올 때마다 드는 이 묘한 기분, 설레임과 함께 비행기 탈 때의 두려움... 정저우는 비행기로 1시간 50분 거리에 있다. 이 나라는 비행기로 여행을 갈 때마다 참 대단하다는 생각이 든다. 나라 땅이 얼마나 크길래 국내 여행을 비행기로 다니는 건지...막상 여행지에 도착하면 얼마나 나를 또 놀라게 할 것인가? 중국 도시들은 늘 그렇게 시대를 앞서가는 최신 시설들 및 세련됨 그리고 대륙 특유의 웅장함으로 놀래키기도 하고 21세기가 맞나 싶을 정도의 낙후된 시설 및 비위생적인 모습들로도 다시 한번 놀래키기도 한다. 20세기와 21세기가 공존하는 곳... 그곳이 바로 중국이다! 비행기가 난기류 없이 신정 공항에 도착하였다. 공항에서 바로 띠디를 통해 정저우동역에서 뤄양룽먼역으로 갈 생각이었으나 공항에서 정저우역으로 26분 만에 가는 고속열차가 있어 시간을 단축할 수 있기에 표를 바꾸기로 하였다.

정저우로 가는 항공권

정저우역에서 내려 역사를 거닐어 본다. 역시 크다. 그 규모로 압도한다. 땅덩이가 크고 사람이 많으니 어딜 가든 크고 웅장하게 짓는다. 정저우역을 배경으로 사진을 찍어본다. 정저우동역에서 출발하는 기차표를 예매했기에 매표소에서 정저우역에서 출발하는 기차표로 바꾸어 발급 받았다. 드디어 정저우역에서 출발하는 기차를 타고 뤄양에 있는 룽먼석굴역으로 향하였다.

중국의 7대 고도 뤄양(洛阳)

이곳은 일반적으로 허난[河南]으로 불린다. 뤄양은 9개 나라의 수도이자 불교 중심지로 중국 역사에서 매우 중요한 위치를 차지하는 도시였다. 뤄양은 동시와 서시로 나뉘어 있다. 주나라(BC 12세기말) 초기에 낙읍(뤄양의 옛 이름)은 오늘날의 서시 근처에 왕들의 주거지로 건설되었다. 이 도시는 BC 771년에 주나라의 수도가 되었고, 그후 오늘날의 동시의 북동쪽으로 이전했다. 이 도시가 뤄양이라는 이름을 갖게 된 것은 뤄수이강 북쪽(중국어로 '阳'은 북쪽을 뜻함)에 있었기 때문인데, 이곳에 남아 있는 유적은 오늘날 뤄양 고성 유적지로 유명하다. 한나라 대의 시가지는 대체로 옛 낙읍의 자리에 있었지만 뤄양이라고 불렸으며, 이 이름은 근대까지 허난 부라는 이름과 함께 쓰였다.

뤄양룽먼 석굴

뤄양은 후한(後漢) 초기인 1세기에 이르러서야 수도가 되었지만, 이 도시의 경제적 중요성은 그 전부터 인정받고 있었다. AD 68년에 중국에서 가장 오래된 불교 사원 가운데 하나인 백마사가 오늘날의 동시에서 동쪽으로 약 14㎞ 떨어진 곳에 건설되었다. 4세기에 뤄양은 동진 · 후조 · 연의 통치자들이 번갈아 차지했고, 494년에 북위의 효문제(孝文帝)가 뤄양을 재건할 때까지는 번영을 누리지 못했다. 그 후 뤄양 남쪽에 있는 룽먼에는 북위 황제들의 명령에 의해 석굴사원이 건설되었다. 이 석굴사원은 중국 불교의 가장 큰 중심지가 되었으며, 오늘날 남아 있는 석굴사원의 조각품들은 중국 예술사에서 매우 중요하다.

뤄양은 당(唐)나라의 동쪽 수도로서 규모가 커졌고, 오늘날의 동시를 이루고 있는 부분이 새로 건설되었다. 그러나 8세기 중엽에 반란이 일어난 뒤 경제적으로 쇠퇴하기 시작했고, 이 경제적 침체는 20세기 중엽까지 지속되었다. 한 때 중국의 중원으로 여러 나라들의 고도였던 허난성이 근래에는 경제적 낙후와 함께 주요 범죄들이 일어나는 등 중국 사람들이 꺼려하는 지역이고 이 지역 출신들을 배척한다는 이야기까지 있으니 조금은 아이러니 하고 그 오랜 역사와 문화가 안타까운 마음이다.

룽먼석굴(龙门石窟)

정저우역에서 룽먼석굴(용문석굴)역까지는 고속열차로 45분 가까이 걸린다. 중국에 와서 놀란 것 중에 하나가 중국의 고속열차이다. 특유의 지저분함이 보일 거 같은 생각이 들었지만 고속열차는 정말 예상과는 다르게 너무 깔끔하게 잘 되어 있다. 아침 일찍 서둘러서인지 약간의 두통이 온다. 드디어 뤄양 룽먼역(洛阳龙门站)에 도착하였다. 중국에는 3,4,5,7대 이런 식으로 손을 꼽는 것들이 많다.

용문석굴 패키지 티켓

특히 중국의 3대 석굴은 오늘 내가 가는 뤄양의 룽먼석굴, 돈황의 막고굴, 다퉁의 윈강석굴이다. 석굴은 중국 5호 16국 시대의 북위의 효문제가 493년에 건설하기 시작하여 여러 왕조를 거쳐 완성되었다고 한다. 북위라는 나라는 산시성 다퉁시에 근거를 잡은 북방 선비족이 세운 나라인데 이 선비족과 우리 민족(동이족)은 같은 핏줄이라고 하는 기록이 있다. 우리 민족은 삼국 시대부터 불교를 국교로 받아들이며 불교의 종주국인 인도보다도 더 그 종교를 발전시키게 되는데 이 북위의 효문제라는 사람이 바로 고구려의 공주를 왕비로 맞아들였다고 한다. 후에 돈황의 막고굴도 가보게 되었지만 중국의 불교와 그리고 석굴에 지대한 영향을 준 나라는 이민족이 세운 북위라는 나라이다. 효문제는 다퉁에 도읍을 정하고 석굴을 건설하는데 바로 이것이 막고굴, 룽먼석굴과 더불어 중국의 3대 석굴 중 하나인 운강석굴이다. 효문제의 석굴 건설과 북위에서의 불교의 융성은 역사상 큰 관련이 있는 것이다.

룽먼석굴(룽먼석굴)역에 도착해 역의 전경을 사진으로 담아본다. 중국의 어느 곳을 가던지 역이나 공항을 배경으로 그 지역의 고유명사가 드러나게 사진을 찍어보는 습관이 생겼다. 역은 중국의 다른 역에 비해 크지 않았고 한적한 모습을 가지고 있었다.

뤄양룽먼역

역 앞으로 걸어보니 아파트가 생기는 듯 개발을 시작한 지역 같다. 띠디를 불러 룽먼석굴을 가본다. 여러 블로그를 봤을 때 룽먼석굴 인근의 식당에 대해서 본적이 없기에 빨리 석굴을 둘러본 후 나와서 밥을 먹기로 하였다. 띠디 기사님이 룽먼석굴에 도착했다고 말씀하셔서 사람들이 따라가는 방향을 향하여 걸어가 보았다. 6월 초에 날씨라 매우 더울 걸 예상했지만 흐려 있는 날씨에 가는 비가 잠깐 내려 덥지 않아 좋았다. 입구에 도착했더니 낙후되어 있을 거라는 생각과는 다르게 룽먼석굴 입구에 대규모의 현대식 상가지역처럼 깔끔하게 형성이 되어 있었다. 중국에 어디 가나 있는 KFC부터 시작해 다양한 식당 및 기념품점이 있었는데 중국의 전통 가옥의 형태를 활용하여 멋지게 인테리어를 한 모습이다. 기내식으로 대충 요기를 했기에 KFC에 들러 치킨과 햄버거를 먹어본다. 깔끔한 분위기가 마음에 든다. 식사를 마친 후에 커다란 정원과 같은 곳을 지나 걸어가 보니 왼쪽으로 강이 있었고 룽먼석굴 입구가 보였다. 강 건너편으로 이어지는 다리가 보였고 그 아래로 통과해서 석굴쪽으로 이동을 하는 것인데 그 다리 아치 옆으로 룽먼석굴 표지석처럼 해놓았다. 기념사진을 마구 찍어본다. 중국의 고도 그리고 3대 석굴이라는 곳을 와서 직접 본다는 사실에 기분이 벅찼다. 걷다 보면 간간히 매점도 있고 화장실도 보인다. 오른쪽 산 쪽으로 보니 층계로 걸어 올라가는 곳이 보인다. 석굴의 시작이다. 어찌 이곳에 이런 석굴을 파고 불상을 새겼을까? 부처님의 힘을 빌어 나라를 지키겠다는 생각으로 불경을 나무에 새긴 해인사 팔만대장경 등 옛날의 선조들은 나라에 가릴 것 없이 대단한 인내와 믿음을 가졌던 듯하다. 기술이 발달해 있다하더라도 빠르게 끝내야 하고 빠른 결과를 가져와야 하는 현대에는 저런 일들이 가능했을까 하는 생각이 든다. 저렇게 많은 굴과 불상을 많이 새겼다는 것이 눈으로 보고서도 믿기지가 않는다. 강을 따라 양측으로 산에 굴을 파고 불상을 모셔 둔 공간이 쭉 이어진다. 처음에 몇 개를 봤을 때는 놀라움을 금치 못했지만 하도 많다보니 점점 감흥이 없어진다.

뤄양룽먼석굴 입구

중국은 유명 관광지에 A 개수로 등급을 매겨 관리하는데 룽먼석굴은 A 5개로 국가가 관리하는 관광지이다. 하지만 중요도에 따라 국가가 관리하지 않고 지역에서 관리하는 관광지도 꽤 많다. 룽먼석굴은 뤄양 교외를 흐르는 이허(伊河)강을 사이에 두고 마주보는 룽먼산(龍門山)과 샹산(香山)의 암벽을 따라 약 1.5km에 걸쳐 조성되어 있다. 북위 시대인 5세기 말부터 당나라 때인 9세기까지 2,300여 개의 석굴이 조성되었고, 내부에 총 10만 점이 넘는 불상, 2,800여 개의 명문, 40여 개의 탑이 조각되어 있다. 특히 예술성이 높은 정교하고 아름다운 조각으로 유명하다.

암벽을 따라 벌집처럼 늘어선 크고 작은 굴 안에 불상이나 불탑이 모셔져 있는데, 불상은 10여 미터가 넘는 것부터 수 센티미터에 불과한 작은 것까지 실로 다양한 모습이다. 10만여 점이 넘는 불상 하나하나가 제각기 다른 표정에 뛰어난 솜씨와 멋을 자랑하고 있다니 정말 장관이고 놀라운 부분이 있다. 다만 오랜 세월 방치되면서 훼손된 부분이 많은 것은 정말 안타깝다. 탈레반이 아프카니스탄 인근의 세계문화유산 문화재를 훼손한 것을 보면서 특히 열강들이 아시아에 문화재를 훼손시키거나 약탈한 모습은 너무나 안타깝다. 특히 중국은 문화대혁명을 통해 많은 문화재들을 훼손시켰다.

수많은 석굴

룽먼석굴의 불상들은 특히 불상의 머리를 소장하면 복이 온다는 미신 때문에 머리가 떨어져나간 불상이 특히 많았고, 이외에도 도굴단에 의한 불법반출, 문화대혁명 당시 홍위병에 의한 파손 흔적이 뚜렷하다. 국민당의 장제스가 타이완으로 도망가기 전 중국의 문화재를 대거 옮겨 지금의 타이완 고궁박물관을 개장한 것이 어찌보면 다행이라는 말도 있다.

현대 중국 사람들은 자신의 역사 및 문화재를 너무나 사랑하고 자랑스럽게 여긴다. 근래의 젊은 세대들은 중화사상에 길들여 있을 정도이다. 하지만 그것을 떠나 역사적으로 가치가 있는 룽먼석굴과 같은 문화유산을 보면 예술과 종교를 사랑하는 사람들의 마음은 언제나 같은 것이다. 10만 점이 넘는 불상 중 가장 유명한 것을 꼽으라면 중앙에 위치하고 있는 펑셴쓰(奉善寺)의 대형 비로자나불을 들 수 있다.

석굴의 모습들

많은 사람들로 가득한 계단을 올라가 보니 불상의 규모와 그 생김새에 놀라지 않을 수 없었다. 개인적으로 종교는 기독교이고 불교에 대한 경이로움을 갖고 있는데다가 텔레비전이나 인터넷에서 워낙 많이 본 모습이기에 그리 놀랍지 않을 거라 생각했지만 실제로 본 모습은 감동 그 자체였다. 폭 35m 석굴 안에 있는 대불은 전체 높이가 17.4m에 이르며, 귀 길이만도 1.9m나 된다. 중국에 와서 불상을 보면서는 늘 그 불상의 얼굴 표정을 유심히 보게 된다. 수려한 용모에 인자한 웃음이 인상적인데, 건축자금을 대면서 남다른 애정을 보였던 측천무후(则天武后)를 모델로 했다는 이야기가 전해 오고 있다. 가오양둥(古阳洞)은 가장 오래된 동굴이자 예술적 가치가 높은 동굴로 유명하다. 길이 10미터가 넘는 대형 석굴의 천장과 벽면에 불상이 수도 없이 새겨져 있는데 하나 같이 빼어난 작품들이다. 직접 보면 그 거대함과 예술성에 할 말을 잃어버리게 된다. 그밖에 북위 때 총 80만 명에 달하는 인력을 투입해 24년에 걸쳐 건설했다는 빈양싼둥(宾阳三洞)은 남동, 중동, 북동 세 개의 굴로 이루어져 있으며, 내부에 11개의 대형 불상이 모셔져 있다. 현재는 2,345여 개의 석굴, 2,800여 개의 비문, 50여 개의 불탑, 10만 개 정도의 조각상이 남아있다. 룽먼석굴은 현존하는 종교, 미술, 서예, 음악, 의료, 건축 등 방면의 살아있는 역사 자료이기에 '대형 돌조각 예술 박물관'이라고도 칭해질 정도라고 한다.

향산사(香山寺)와 백거이(白去易)묘

생각보다 덥지 않았던 날씨였지만 그래도 6월의 중국의 중원이라 불리는 곳은 너무나 덥고 사람을 지치게 한다. 처음 보는 룽먼석굴의 감동에 잠깐 신기하기도 했지만 끝없이 펼쳐지는 석굴에 감흥이 떨어지는 것과 동시에 체력이 조금은 지치기 시작했다. 석굴의 끝 지점에 다다르면 왼쪽 건너편으로 건너가는 다리가 보인다. 다리를 건너 또 다시 펼쳐지는 석굴 입구로 간다. 이곳 관광지는 룽먼석굴과 함께 향산사, 백거이 묘까지 함께 패키지로 표를 끊는 곳이라 표를 입구에서 스캔을 하면 입장을 할 수가 있다. 석굴에서 나와 오른쪽으로 다시 가면 룽먼석굴 건너편에 향산사가 있다. 저 건너편 여러 개의 석굴과 함께 커다란 대형석굴 전경이 보인다. 기념으로 한 컷 사진을 찍은 후 향산사로 향해본다.

룽먼석굴 건너편에서 바라본 모습

향산사의 풍경 또한 너무나 아름답다. 리강과 함께 보이는 룽먼석굴의 웅장함이 향산사로 몰려오기 때문이다. 향산사가 소재한 산의 이름은 향갈나무가 많이 난다 하여 향산(香山)이라 이름 지었다. 향산사는 서기 516년에 처음 건립했고 687년에 인도에서 온 고승 지파하라를 모시기 위해 불교사원을 재건하였다. 서기 1750년 청나라 건륭황제가 향산사를 방문하였을 때 향산사 2수를 남겼다. '룽먼의 10개 사원 중에서 향산이 제일이라'고 찬미하였다고 한다. 이 시구는 후에 비문으로 조각되어 향산사 건륭 어비청에 세워져 전해 오는 것이다. 자신의 왼팔을 잘라 달마대사의 제자가 되었다는 혜가 대사가 이 절에서 출가했다고 하며 황제의 자리까지 오른 무측천은 여기서 묵객을 불러 시화대회를 자주 열었다 하니 그 오랫동안 변함없이 아름다운 풍경을 갖고 있나보다. 더군다나 풍류를 안다는 백거이마저 이곳에서 죽치며 시와 술과 거문고와 그리고 친구들과 함께 노년을 보냈다니 누각에 올라 건너편의 석굴을 바라보는 경치가 기가 막히게 좋았나보다. 경치가 아름다운 곳으로 유명하기에 일단 들어오긴 했는데 산의 경치와 함께 굉장히 조화로운 곳이다. 중국은 큰 땅덩어리와 함께 곳곳에 절경이 많다. 그런데 그 큰 땅에서 어떻게 인지를 했는지 곳곳에 사람들이 그것을 발견하고 이용한 흔적들이 많다. 그래서인지 근대 중국의 국민당과 공산당은 이러한 장소에 휴양지나 회의장소 별장 등을 많이 만들어 놓았다. 향산사도 역시 그러한 흔적들이 있다. 국민당과 신중국의 아버지 쑨원의 초상화가 걸린 회의실이 있고 중화민국의 총통인 장제스의 별장이 있어 유명해진 향산사(香山寺)에 가기 위해서는 계단을 올라야 한다. 좁고 높은 계단을 오르다 숨이 턱까지 찼지만 향산사에 도착해 건너편 석굴과 그 앞에 흐르는 강을 바라보니 다리 아픈 것도 잊게 될 정도로 풍경이 아름답다.

향산사 내부

타이완으로 패퇴한 국민당 정부는 쑨원이 신해혁명으로 건국한 중화민국의 정통성이 자신들에게 있으며 대륙을 언젠가는 수복해야 할 곳이라고 주장한다. 공산당이 새운 신 중국, 중화인민공화국의 대륙에서는 쑨원의 중화민국 정통성을 자신들이 발전 계승했다고 주장하면서, 중화민국이 가지고 있던 2차대전 승전국의 지위와 UN 상임이사국 자리를 가져갔다. 그리고 타이완은 국민당의 일부가 불법으로 점거하고 있는 상황이라고 생각하고 있으며 중국의 하나의 성으로 중국으로 귀속될 땅이라 생각을 한다.

향산사 내부의 쑨원의 사진

세계 각국은 하나의 중국을 따르며 중국의 손을 들어주었고 중국과 수교를 할 때면 타이완과는 단교를 해야만 한다. 그러한 분위기가 근래 미국, 중국, 타이완과 동아시아 인근 나라들에게 미치는 여파가 크다.

향산사는 절이 크거나 화려하지는 않지만, 유명해지게 된 이유는 중국의 유명한 백거이라는 시인 때문이다. 이 절이 향산사란 이름으로 불린 이유가 산 이름이 향산이고 향산에는 향갈나무가 많이 자라기에 그리 불렀다한다. 향산에 절을 지었으니 향산사고 그곳에 말년에 행복한 백수생활을 하며 죽치고 지냈다는 백거이도 향산 거사라 칭했다고 한다. 백거이는 중국의 유명한 4대 시인 중 하나이다. 백거이(白居易, 772~846)는 당나라 중기의 위대한 시인이자 중국 고대문학사 전반에서도 일류에 속하는 대시인으로 대여섯 살 때부터 시를 쓰기 시작했고 아홉 살 때는 이미 음운이 복잡한 율시를 쓸 줄 알았다고 하며, 주요 저서로는 "장한가(长恨歌)" 등이 있다. 나의 경우는 중국에 와서 이 시인의 존재를 처음 알았다. 특히 내가 좋아하는 시 중 하나는 술잔을 마주하며(对酒)라는 시이다.

달팽이 뿔 위에서 무엇을 다투는가?
부싯돌 불꽃처럼 순간의 삶이거늘
풍족한 대로 부족한 대로 즐겁게 살지니
입 벌려 웃지 않으면 그대는 바보

삶을 대하고 바라보는 자세를 생각해보게 하는 시이다. 그의 시를 알고 그가 살았던 그가 묻혔던 장소를 보니 과연 그였구나라는 생각이 들기도 한다.

나무로 우거진 아름다운 향산사와 중국 절 특유의 대형 향 냄새를 맡다보니 조금은 힐링이 되는 듯하다. 연휴 기간이 아님에도 불구하고 향산사 내부는 사람들로 가득하다.

향산사를 보고, 룽먼을 지나면 백거이의 묘가 있는 백원(白园)이 있다. 앞에서도 말했지만 입장표를 하나 사면 룽먼석굴에서 향산사, 백원까지 한번에 볼 수 있다. 백원은 작은 정원이다.

백거이 묘

이렇게 나무가 우거진 곳 안에 들어서면 밖의 더위와는 다르게 그늘 속에 산바람이 불어와 시원하게 느껴진다. 그리고 작은 매점이 있어 컵라면, 아이스크림, 음료수 등을 사먹을 수 있는 공간이 있다. 구릉을 잠깐 오르면 백거이의 묘가 보인다. 오랜 역사, 넓은 땅, 많은 인구… 과연 이들은 그 오래 전부터 수많은 여러 문제들에서 자유롭기 위하여 풍류와 삶의 여유를 즐겼던 것일까? 관광지임에도 불구하고 백거이 묘에 자라난 잡초를 보며 여러 가지 생각들이 든다.

관림

룽먼석굴 패키지를 보고 나니 너무 지친다. 룽먼석굴 앞에서 띠디를 불러 관림을 가려고 한다. 꽤 서둘렀음에도 불구하고 벌써 오후 4시가 가까워 온다. 한국식당이 있나 살펴봤더니 인근에 서래갈래기라는 한국식 고깃집이 보인다. 일단 관림을 간 후에 먹어볼 생각이다.

관림 입구

관림은 삼국지에서 그 유명한 관우의 묘라고 보면 좋을 것이다. 한국 사람들은 삼국지에서 유비나 제갈공명을 좋아하는 편인데 중국 사람들은 유독 관우에 대해 동경하는 면이 있다. 뤄양에 관우 묘가 있는 것은 그 당시 삼국의 외교상의 문제가 가장 컸다. 유비가 중원을 떠나 멀리 촉으로 향하며 마지막 중원 땅인 형주를 가장 믿을 만한 관우에게 맡겼다. 빠른 시간에 촉을 점령하고 성도에 입성하여 승승장구하지만, 문제는 바로 외롭게 홀로 있는 형주이다. 형주 땅은 중원의 한 가운데로 인재도 많이 나오고 농토도 비옥해 삼국의 분쟁의 시발점이었다. 유비와 장비, 제갈량이 그렇게 형주를 떠나 촉으로 향한 사이에 원래 형주땅을 받기로 약속을 받았던 오나라는 심기가 불편했고 그 기회를 노려 형주를 공격하였고, 그러던 중 관우가 죽게 된다. 그렇게 오나라가 관우를 죽이고 형주를 차지하지만 유비의 의형제인 관우를 죽이고 돌아올 후환이 두려웠다. 그래서 관우의 머리를 조조에게 보낸다. 화근을 위나라로 돌려보고자 하는 것이다. 조조는 원래 관우의 성품과 무예, 정치에 큰 호감을 가지고 있었고, 관우의 머리를 받자 위나라 땅이었던 뤄양에서 후하게 장사를 치뤄주어 낙양에 관우의 묘가 생기게 되었다고 한다. 그렇게 관우는 죽었지만 요즘 시대에도 상당히 많은 인기를 얻고 있다. 마치 신처럼 여겨져 중국 곳곳에는 관우의 상이 있는 곳이 많다. 관우를 재물을 불러오는 신이라 믿기도 한다. 관우가 죽은 후에도 그의 귀신을 본 사람이 많다고 한다. 삼국지에 그 유명한 조조, 손권, 유비, 제갈량도 이렇게 신격화 되지는 않았지만 관우가 신격화 된 것은 그의 인품과 충절에 있다고 할 수 있겠다.

띠디에서 내려 매표소에서 표를 산 후 본 관림은 생각보다 크지 않았으며 인근 마을의 공원 안에 있는 느낌이었다. 공원 안의 작은 사찰 느낌이랄까? 들어가서 보니 정말 작은 절처럼 향 냄새가 진동을 하였고 정면 길을 떠나 보이는 절의 대웅전으로 보이는 건물에는 관우의 상이 있었다. 건물의 입구 왼쪽에는 관우가 들고 다녔다는 청풍명월도가 있었는데 그 크기가 177cm인 내가 들기에는 무리가 있어 보였다. 경내를 크게 한번 돌아 보니 오른쪽에는 작은 연못 같은 것이 있었고 그 곳에서 앉아 쉬는 사람들이 있었다. 건물을 돌고 밖으로 나와 보니 인근 마을 사람들의 작은 안식처 같은 느낌이 들었다. 아침부터 서둘러 시작한 일정으로 지쳐 있어 일단 숙소에 들어가 잠깐 쉰 후 저녁을 먹은 후 뤄양고성을 가보기로 한다. 숙소가 생각보다 뤄양 시내에서는 좋은 호텔이었으며 외국인들도 많이 오기로 유명한 곳인가 보다. 코로나로 인해 어디서 왔으며 이후 일정은 어떻게 되냐고 물어 다롄에서 왔으며 이후 내일에는 카이펑으로 간다고 대답해주었다. 식당을 검색해보니 아까 있던 고기 집은 관림에서 가까웠으며 찾아보니 인근에 한국의 투다리 분점이 있었다.

관림 내부의 신상

시내에 나가보니 특유의 활기참이 보였고 허난성은 코로나 확진자가 발생하지 않은 지역이라 그런지 마스크를 착용한 사람이 거의 없었다. 마스크를 착용했다고 한다면 외국인이나 외지에서 온 사람으로 사람들의 이목을 끌기에 충분한 것 같았다. 투다리에 들어가 떡볶이에 순두부찌개를 시켜 소주 한잔을 먹어본다. 에어컨과 함께 여독이 풀리는 느낌이다. 인근에 있는 뤄양고성을 바이두 지도로 검색해 본 후 계산을 하고 식당을 나와 본다. 오래된 역사의 현장인 뤄양에 있다는 것이 믿기지 않았고 룽먼석굴 자체만으로도 거대하며 강렬한 경험의 하나가 되었다.

뤄양고성 및 뤄양라오지에(洛阳老街)

중국 중부에 자리한 허난(河南) 뤄양(洛阳)은 화하(华夏)문명의 중요한 발상지로 5,000여 년의 문명사와 4,000여 년의 도시이며, 1,500여 년의 역사가 있다. 뤄양은 중국에서 가장 먼저 도읍을 이루고 역사가 길며 왕조가 많은 도시로 고금의 찬란함이 사람의 발길을 끄는 아름다운 도시다. 한 국가의 수도를 선정하기는 여간 어려운 일이 아니다. 지리적 조건뿐만 아니라 인구의 규모와 경제 · 문화의 발달 정도까지 모든 면을 고려해야 한다. 그런 점에서 중국 뤄양(洛阳)은 수도로서 완벽한 조건을 갖췄다. 수로를 통해 사방으로 뻗어 나갈 수 있는 교통의 요지이자 서쪽으로 뻗은 산맥과 동쪽의 드넓은 대평원에서 나오는 산물이 풍부하기 때문이다. 이런 장점 덕분에 뤄양은 중국 역사상 13개 왕조의 도읍과 8개 왕조의 제2의 수도 역할을 지냈다.

뤄양 린징먼 입구

여러 왕조를 거치다 보니 뤄양에는 주(周)나라부터 현재까지 다양하고 수많은 유적지와 문물이 남아 있어 사람들이 많이 찾는 곳이다. 중국에 와서 여행을 다닐 때 한국 사람들이 생각보다 많이 찾는 곳이 아니라고 생각하다 직접 가보면 어딜 가나 안내표지판에 한글이 병기되어 표시된 곳이 많다. 허난성은 중국 사람들이 역사적으로 자랑스러워 하기도 했던 장소이지만 현대에 이르러 경제적으로 낙후한 곳으로 알고 이곳에 왔건만 뤄양 시가지는 꽤 번화했고 소비적인 도시였다. 그리고 인근의 문화재들과 함께 잘 어우러진 도시이기도 했다. 적어도 내가 보기로는... 꽤 괜찮은 숙소에서 가볍게 샤워를 하고... 쉬다가.. 저녁을 먹고 보니 몸과 마음의 여유가 생겨진다. 저녁이 가까워지는데 숙소에서 가까운 뤄양고성을 가보기로 하였다. 도시 고속화 도로가 입체 교차로 식으로 되어 있는데 도시 전체가 정말로 현대화 되는 모습이 눈에 보인다. 어느새 밖이 어두워지고 있다.

택시로 10분 정도 가다 내리니 성곽 같은 것이 보이는데 수원화성의 장안문처럼 보인다. 사람들로 인산인해의 모습이다. 성곽문 앞에는 린징먼(丽景门)이라고 써 있다. 수(隋) 나라 때 만들어진 린징먼은 뤄양 고성의 서대문(西大门)이자 뤄양 대표 건축물이다. 처음 지어질 당시 린징먼 안쪽은 관청과 관리들이 거주하던 곳이었지만, 지금은 먹거리, 숙박, 관광, 쇼핑까지 즐기는 핫플레이스다. 현재의 성문은 2002년에 복원된 것으로 성문루(城门楼), 성벽 등으로 이루어졌다. 성문 곳곳에 관음전(观音殿), 삼신전(三神殿), 구룡전(九龙殿) 등 신전을 쉽게 볼 수 있다. 린징먼 안으로 들어가자 시공을 뛰어넘은 옛날 거리가 나온다. 뤄양에서 가장 뤄양다운 곳이다.

뤄양 라오지에

린징먼 문 뒤쪽으로는 시간 여행을 온 듯한 옛 거리가 펼쳐진다. 이곳을 라오지에라고 부르는데 저녁이 되면 야시장이 열려 뤄양 사람뿐만 아니라 관광객들로 인산인해를 이룬다. 내가 도착해서 린징먼 입구 문 앞에서 사진을 찍은 시간이 막 어두워지기 전인데 성문 안으로 들어가니 야시장으로 조명과 함께 멋스러운 모습을 보인다. 중국은 어딜 가나 야경 끝판왕인 모습이다. 이 거리는 가난으로 내몰린 사람들이 성루 주변에 자리 잡고 관광객을 대상으로 장사를 시작한 것이 지금까지 이어졌다고 한다. 린징먼과 이곳의 상권은 수천 년 역사를 함께한 것이다. 3000년 역사의 건물들에 각종 기념품가게, 길거리음식, 특산품점이 늘어져 있다. 가운데에 뻗어 있는 길로 1km 정도 되는 듯하다. 야시장을 쭈욱 따라 걷다보니 여행지 특유의 자유스런 느낌과 함께 피로가 밀려온다. 뤄양 최고의 핫플레이스. 라오지에는 정문과 후문이 있다. 고풍스러운 성벽을 지나 들어오면 뤄양에서 중국의 국화인 모란이 생산되는지 모란 관련한 특산품도 많았고, 조롱박, 직접 담배를 마는 가게도 많았다. 중국 관광지의 고거리는 다 비슷한 것 같지만 잘 뜯어보면 각 지역의 특색이 녹아있어 구경하는 재미가 있다.

린징먼을 통해 야시장을 따라 걷다보면 뤄양고성 뒷길이 보인다. 사람들이 길게 줄을 서 있길래 입장료를 내고 들어가야 하는가 싶었는데 건강마 스캔(코로나 이후 스마트 폰으로 보여주는 본인의 건강상태 QR코드)과 함께 입장티켓 스캔을 하면 들어갈 수 있다.

라오지에의 고성과 끝부분

'중국을 빛어낸 여섯 도읍지 이야기'라는 책에서 이야기하던 뤄양고성은 뤄양에서 조금은 떨어진 곳에 있는데 이곳은 성곽이 있는 흔적 정도로 이해할 수 있겠다. 뤄양고성 안쪽으로 들어가 보니 중국의 전통 거리들을 상점, 음식점 등과 함께 재현해 놓았고 정말 많은 사람들이 휴일을 즐기고 있었다. 고성이라기에 나름 기대를 했는데, 오래된 탑과 성벽이 보이기는 하지만, 우리의 민속촌처럼 꾸며놓은 곳이다. 새로 만든 상가에 음식점과 기념품가게들이 배치되어 있는데, 벌써 어두워지고 더위와 피곤함에 지쳐 대충 보고 나오게 되었다. 뤄양고성이라기에, 아주 오래된 도읍지였었기에, 고색창연한 고성의 거리를 생각했었지만 현대화 되고 인공적인 모습에 조금은 실망하게 되었다. 하지만 춘추전국 시대면 2,770년 전인데, 오랫동안 남아 있기에는 무리가 있다. 중국의 관광지가 대부분 그렇다. 오랜 역사적 장소를 보존하기에 무리가 있기 때문이다. 뤄양고성에서는 성벽, 고원, 고목 등 풍경뿐 아니라, 문봉탑, 문묘, 타령궁 등 역사문화 고적을 감상할 수 있다. 수 · 당 시대에는 린징먼 안에 조정의 여러 성, 부, 아, 위 등의 관청들이 있었다. 내방, 좌춘방, 우춘방 등은 관리들이 거주했던 곳이다. 오른쪽에는 큰 사원이 있는데, 관리들과 백성이 토지신과 곡신에게 제사를 지낸 곳이다.

뤄양고성 관광지

성곽 앞으로 큰 탑이 있었는데 큰 탑과 땅에 레이저 등으로 해서 멋진 광경을 보여주고 있다. 그리고 인공 호수 앞으로 작은 배들이 조명과 함께 멋진 모습을 보여주고 있다. 화려했던 중국의 수도 모습과 함께 그 안에서 발달된 도시 그리고 그 안의 사람들 모습, 인류 문화의 위대함과 동시에 낙후된 도시의 어려움 등을 동시에 느끼게 된다. 좀 더 자세히 이곳을 즐기고 싶었지만 급 피곤함으로 인해 성문 반대쪽 문으로 나와 편의점에서 맥주를 몇 개 산 후 택시를 잡아 호텔로 돌아왔다. 현재의 모습과는 다르게 역사적으로는 시안과 함께 고도로서 무엇인가 들뜨게 하는 도시 뤄양이다. 이 도시들과 유사한 내일 가볼 장소 카이펑을 생각하면서 잠을 청해본다.

6장
북송 시대의 고도 카이펑(开封)

중국의 고도 카이펑(开封)

호텔에서 일어나 정말 만족스러운 아침식사를 했다. 중국 호텔들도 4, 5성급의 호텔이라고 하지만 차려진 음식들을 보면 천차만별의 모습이다. 정말 많은 외국인들이 방문을 함에도 불구하고 5성급 호텔이 이 정도인가 싶기도 하고 이용하는 사람들의 의식도 다시 한번 생각해보게 된다. 하지만 요즘 중국의 호텔들은 정말 이곳이 중국인가 싶을 정도로 많은 발전을 이루었고 사용하는 중국 사람들도 성숙한 시민의식을 느끼게 하고 있다.

카이펑북역

서둘러 짐을 챙긴다고 챙겼는데 시간이 아슬아슬해 뤄양룽먼역에서 카이펑북역으로 예약한 기차를 타지 못할 수도 있는 상황이다. 기차를 놓치게 되면 마음 편안히 뤄양의 남은 유적지 등을 보고 갈까도 생각했지만 계획한 부분들이 있어 일단 띠디를 불러 뤄양룽먼역으로 향하였다. 원래 예약한 기차는 뤄양에서 정저우로 가서 환승을 하여 카이펑으로 가기로 한 것이었다. 카이펑으로 직접 가는 것으로 변경하려고 했는데 변경 시간은 고사하고 예약된 기차조차 놓칠 상황이다. 놓치게 되면 카이펑을 가는 것을 포기해야 한다. 띠디 기사님께 매표소(售票处)로 바로 가자고 하였다. 짧은 중국말로 출발시간이 촉박한 상황에 서툴게 이야기를 하니 매표소 직원이 금세 알아듣고 표를 변경해준다. 그리고 역사 안으로 급하게 뛰어 들어갔다.

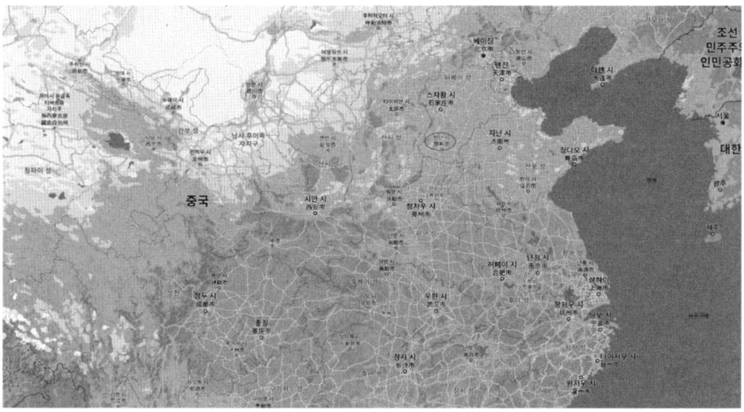

카이펑의 위치

카이펑, 즉 개봉(开封)이라는 이름의 유래는 춘추 시대 이 지방을 지배하고 있던 정(郑)나라의 장공(庄公)이 현재의 카이펑 근처에 성을 쌓고 계봉(启封)이라는 이름을 붙였던 것에서 시작한다. 이 도시의 중요성은 당대(唐代 : 618~907)에도 꾸준히 증가했다. 907년 이후 북부 평원을 잇달아 통치했던 여러 지방 정권은 이곳을 동쪽 수도로 삼았다. 다시 통일제국을 건설한 송대(宋代 : 960~1279) 역시 이곳을 수도로 삼았다.

카이펑은 본래 상업 대도시였던 최초의 중국 수도였다. 송대에는 동양에서 가장 중요한 무역 중심지였던 것으로 여겨진다. 11세기에 카이펑의 인구는 약 60만~70만 명이었던 것으로 추정된다. 여진족(金)이 중국 북부를 침략하면서 1127년에 카이펑을 함락하여 큰 피해를 입었다.

청명상하원 입구

금 통치하인 1127년 이후 카이펑은 처음에는 변경으로 알려졌으며, 그뒤 남쪽 수도(南京)가 되었다. 1938년 6월 9일, 국민당 총통 장제스는 일본군의 추격을 저지하기 위해 카이펑 서쪽 정저우(郑州)에 있는 제방을 터뜨렸다. 일본군을 잠시 동안 막기 위해 치른 대가는 너무 가혹했다. 이곳은 홍수로 인한 재해 또한 빈번하게 발생했다. 인공적인 참사 외에 황하의 자연 범람은 계속해서 카이펑에는 큰 위협이었다. "3년에 두 번 제방이 터지고 100년마다 물길을 바꾼다"는 말이 있을 정도로, 황하의 범람은 잦았고 물길은 여러 번 바뀌었다. 황하가 흘러내려오면서 운반된 토사가 하류에 쌓이게 되면, 강바닥의 높이가 올라가다가 결국 제방이 터지고 황하의 물길이 바뀌게 되는 것이다.

이렇게 해서 주나라 이후 2,600여 년 동안 황하 하류의 물길은 북쪽에서 남쪽으로 점점 내려오다가 다시 남쪽에서 북쪽으로 올라가기를 반복했다. 그 사이 황하 하류에서 제방이 1,590회나 터졌고, 황하의 물길은 26번이나 바뀌었다. 관리가 이루어지지 않자 강바닥의 높이는 점점 높아졌고, 강물은 말라갔다. 단류가 된 지점도 생겨나고, 토사가 쌓여 강기슭과 높이가 같아진 곳도 있었다. 심지어 원래의 물길이었던 곳에 수레가 다니고 집이 들어섰다. 농지로 바뀐 곳도 많았다.

북송의 전성기의 모습을 재현한 청명상하원

이 광경은 북송이 멸망하고 30여 년이 지났을 때 금나라에 사신으로 가게 된 남송의 누약이 본 것이다.

번탑, 철탑, 금명지, 주교, 양원, 변하, 변하의 제방, 상국사의 종, '변경 8경'이라 불린 이것들 가운데 번탑과 철탑을 제외하곤 죄다 사라졌다. 정확히 말하자면 지하 10m 아래에 묻혀 있다. 카이펑의 지층 단면은 수천 년 역사를 고스란히 품고 있다. 가장 아래쪽에는 전국 시대의 대량성이 있고, 그 위로 역대의 도시가 차곡차곡 쌓여 있다. 전국 시대 위나라(12~14m), 당나라(10~12m), 북송(8~10m), 금나라(6m), 명나라(5~6m), 청나라(3m). 이렇게 도시 위에 도시가 포개진 상황은 바로 황하와 밀접한 관계가 있다. 때문에 이는 황하의 범람과 그에 따른 재해를 연구하는 데 중요한 자료이기도 하다.

청명상하원의 고대 퍼레이드

카이펑의 지층 단면에 유적이 존재한다는 것이 밝혀지게 된 계기는 1981년에 이루어진 반가호(潘家湖)의 준설 작업이었다. 작업 도중에 뜻밖에도 명나라의 주왕부(周王府) 유적지를 발굴하게 된 것이다. 이어진 발굴과 연구를 통해 마침내 역대 도시가 차곡차곡 쌓여 있음이 밝혀졌다. "카이펑성은 성 위에 성이 있고, 반가호 아래에는 여러 개의 궁전이 있다"고 대대로 전해 온 말이 사실이었던 것이다. 하지만 카이펑의 지하에 고스란히 보존되어 있는 과거의 모습을 제대로 볼 수 있는 것은 아니다. 카이펑의 지상에는 오늘날 카이펑의 모습이 존재하기 때문이다. 현재로서 볼 수 있는 것은 일부의 흔적뿐이다. 카이펑 지하에 겹겹이 포개진 도시는 그 존재만 확인되었을 뿐, 그 구체적인 모습은 여전히 아무도 모른다. 카이펑을 언급하면 사람들은 북송의 번영을 떠올리게 된다.

중국의 시안, 카이펑 그리고 우리나라의 천년 고도 경주의 이야기를 듣다보면 한때의 찬란했던 과거의 역사도시를 생각해보게 된다. 특히 송나라는 경제 문화적으로 번성했던 나라인데 국방을 소홀히 한 탓에 멸망하게 되어 아쉬움을 자아내게 한다. 경주에 가족들과 방문했을 때 보았던 경주 안내 영상에서는 당나라 시대 장안과 함께 경주는 국제적인 도시로 알려졌던 곳이라고 하였다. 카이펑의 화려했던 기억들... 한껏 기대를 가지고 카이펑북역에서 내려 보았다.

찬란했던 과거와는 다르게 카이펑북역은 우리나라의 시골역과 같은 느낌이다. 역 광장에서 사진을 찍은 후에 앞으로 펼쳐진 황량한 길을 걸어가 보았다. 사람들이 별로 보이지 않는데... 택시 몇 대가 서 있는 것이 보인다. 택시를 타고 카이펑의 과거를 그대로 재현한 청명상하원으로 향하였다.

청명상하원

그 화려했던 송나라 시대의 카이펑의 모습을 짐작하게 하는 그림이 있다. 청명상하도(清明上河图)라는 그림인데 중국에 전해 내려오는 10대 그림 중의 하나이다. 북송(北宋) 시대 화가인 장택단이 북송 풍속을 그린 그림이다. 국내외에서 볼 수 있는 세계적인 명품으로 중국 국보급 문화재로 현재 베이징 고궁박물관에 소장되어 있다. 청명상하도는 너비 24.8cm, 길이 528.7cm에 비단에 색칠되어 있다. 이 작품은 두루마리 형식으로 중국 12세기 북송 생활상을 생동감 있게 기록하였다. 북송의 수도인 동경(东京) 지금의 카이펑의 도시상과 당시 사회 각계 각층의 생활상과 번영을 보여주는 증거이며 북송 도시의 경제상황을 잘 보여준다. 전체 그림은 기세가 웅대하고 구도와 필법이 치밀하여 사회생활에 대한 화가의 깊은 통찰력과 높은 예술적 표현력을 잘 나타내고 있다.

청명상하원 퍼레이드를 관람하는 관광객들

청명상하도는 위대한 현실주의 회화 예술의 진품일 뿐만 아니라, 동시에 우리에게 북송의 모습을 그대로 알려준다. 도시의 상업 · 수공업 · 민속 · 건축 · 교통수단 등 상세한 이미지의 자료로 역사적 문헌적 가치가 있다. 또한 당시 사회생활이 그려져 있어 후대에 송나라 도시사회생활을 이해하는 데 중요한 자료이다. 2010년 상하이 엑스포 중국관에서는 이 청명상하도를 특수 영상기법으로 처리하여 마치 당시 동경(카이펑)이 살아 움직이는 모습으로 보여 당시 참관객들의 감탄을 자아내게 했다. 지금도 상하이 중국 엑스포관(현재 중화예술궁으로 활용)에 가면 청명상하도 영상을 볼 수 있다.

카이펑을 검색해봤을 때 생각보다 갈 곳이 많지 않았다. 전쟁과 여러 재난으로 인해 대부분의 역사 흔적들은 10m 아래에 있다고 하니 급하게 생각해 본 장소는 청명상하원, 용정공원 그리고 카이펑부였다. 청명상하원은 카이펑을 대표하는 관광지이며 당시 송나라의 모습을 만날 수 있는 곳이다! 위에서도 언급했지만 그 당시를 추측할 수 있는 가장 고증이 된 자료는 북송시기 한림학사 '장택단'이 청명절(4월 1일)의 도성을 그린 청명상하도이다. 이를 기반으로 하여 1:1의 비율로 재현한 곳이 바로 청명상하원이다. 어찌보면 우리의 민속촌이나 부여의 백제 테마파크 같은 곳인데 이곳을 방문하는 것이 의미가 있나 싶었다. 하지만 북송의 화려한 모습을 그대로 표현한 것에 의미를 두고 택시에서 내려본다.

북송의 모습을 나타낸 그림 청명상하도를 재현한 청명상하원

카이펑북역의 한산했던 모습과는 다르게 사람들로 북적인다. 중국은 찬란했던 문화역사 유적도 꽤 있지만 훼손되거나 없어진 곳도 많기에 이런 식으로 재현한 테마파크도 꽤 많다.

과거 송나라의 도성은 물과 나무, 건물이 어우러진 멋진 도시였던 것 같다. 티켓팅을 하고 정문을 통과해 청명상하원의 맵을 챙겨본다. 입구에 들어가서 보니 정말 그 규모가 짐작이 안갈 정도로 크고 어디부터 봐야 할지 가늠이 되질 않았다. 일단 눈앞에 사람들이 많이 있는 곳으로 가보니 전통 식당의 모습과 대규모의 행진을 하는 모습이 보인다. 악기를 연주하고 요란한 행진을 하면서 도성 정문 입구로 들어가기에 나도 따라가본다. 에버랜드에서 퍼레이드 하는 느낌으로 사람들이 모두 그 일행을 따라가고 있다. 역시 이런 테마파크에 가장 많은 손님들은 아이가 있는 가족들, 또는 젊은 연인들인 것 같다. 행진하는 일행 앞에서 무언가를 나눠주는 것을 보니 중국식 가면이었다. 나도 줄을 서서 하나 챙겨본다.

청명상하원 내부에서 다채롭게 펼쳐지는 고대의 모습들

청명상하원 내부는 건물, 조명, 쓰레기통, 매점 하나하나 송나라 전통 문양을 작게나마 넣거나 전통적인 모습을 살리기 위해 무지 노력한 듯하다. 오늘 카이펑의 나머지 장소까지 보고 정저우로 돌아가 비행기를 타고 다롄으로 돌아가야 하는 터라 맘이 급하다. 이렇게 큰 청명상하원을 다 보고 가지 못한다는 생각에 더운 날씨에도 불구하고 부지런히 걸었다. 가운데는 강이 크게 있었고 중국 느낌의 많은 배들이 떠 있었다. 돈을 내고 탈 수 있는 것 같은데 그렇게 한가한 상황이 아니라서 계속해서 청명상하원 내 여러 장소를 걸어가며 관람해본다. 걷다가 보니 더위와 함께 배가 고프다. 어! 중국의 전통 가옥 같은 느낌인데 깃발과 함께 컨더지[肯德基]라고 써 있는 것이 아닌가? 들어가 보니 생각보다 사람이 많지 않길래 치킨 조각 세트와 햄버거를 주문을 하며 에어컨 바람에 땀을 식혀본다.

그 옛날에 이런 복잡한 구조의 다리를 만들 수 있었을까도 싶고 청명상하도의 그림과 똑같이 재현했다고 하는데 내가 생각하는 것 이상으로 송대 사람들의 문화들이 발달되어 있었던 것 같다.

청명상하원 내부

우리나라의 용인 민속촌에서 본 것처럼 현상수배범을 찾는 방이 여기저기 붙어있었다. 걷다 보니 중간중간 작은 물 분수가 있어 관람객들의 더위를 식혀주기도 한다. 청명상하원내 있는 모든 종업원들은 그 당시의 의복을 입게 하였다. 더운 날씨에 고생들이 많은 것 같다. 다리 건너로 불운각이라는 건물이 있었는데 내부는 전시실로 꾸며져 있었다. 이곳에는 송나라 사람들의 복식에 대한 이해를 돕기 위한 마네킹과 안내 표지판이 세워져 있었다. 사람들이 잔뜩 모여 있길래 보니 효과 음악, 음향, 그리고 실제 배우들의 대사들과 함께 말을 잔뜩 탄 군인들이 실제 말을 타며 쫓고 쫓기는 추격전을 벌이고 있었고 커다란 창과 칼을 통해 전투를 벌이는 모습도 재현을 했다. 거기다가 대포까지 터트리는 등 실제 영화 속에 들어가 있는 느낌이다. 커다란 공연장에서 실제 재현하는 모습들을 보면서 역시 중국이구나 하며 감탄을 하게 된다. 청명상하원 곳곳에서는 아주 다양한 공연들을 진행한다. 인형극 같은 공연도하고 연주회도 볼 수 있다. 2시간 가까이 있었나. 시간에 쫓기다 들어왔던 반대쪽 입구로 나오다 보니 엄청나게 큰 수상공연이 펼쳐지는 공연장이 있었다. 하지만 시간이 없어서 아쉬웠다. 야간에는 정말 조명과 함께 멋진 공연이 이어질 것만 같다. 이 곳 청명상하원은 단순히 건물만 재현한 공간이 아닌 다양한 볼거리가 가득한 정말 알찬 공간이다.

북송 황궁터 용정공원(龙停公园)

바이두 지도를 찾아보니 청명상하원 바로 옆 커다란 공원이 있었다. 혹시나 청명상하원과 연결된 곳이 없을까 찾아봤는데 도무지 찾을 수가 없어서 출구에서 택시를 타고 용정공원 입구로 가달라고 하였다. 기사님도 너무 가까운 곳인데 택시를 타는 나를 의아해 하셨다. 블로그를 검색했을 때 본 용정공원은 현재는 카이펑 시민들의 나들이 장소로 조성된 공원이기도 하지만 이곳이 북송 시대의 옛 황궁터였다고 한다. 중국에서 황궁터를 방문한 것이... 베이징과 선양의 고궁 그리고 시안의 대명궁 밖에 보질 못한 것 같은데 묘하게 끌리는 느낌이 있어 이곳은 꼭 가보려고 하였다. 다만 그 당시의 흔적이 남아 있지 않기에 한번 둘러보고 오는 것으로 만족하기로 하였다.

중국의 관광지를 보면 한국어로 표기된 곳이 생각보다 없어서 서운하기도 한데 이곳 카이펑은 뤄양에 비해선 곳곳에 한글로 표기된 곳들이 많다. 택시에서 내려 용정공원 입구로 향하였다. 역시 중국의 관광지는 입장료가 비싸다. 매표소에는 한국어로도 안내가 되어있어서 큰 어려움 없이 티켓을 살 수 있다.

용정공원 입구

송나라의 황궁이 있던 자리에 복원되어 조성한 용정공원. 고대 왕조 시대에 카이펑은 홍수가 많이 나서 옛 도읍지들이 물에 잠겼다. 용정공원은 넓은 호수와 긴 다리 그리고 몇몇 건물들로 구성된 도시의 한적한 공원이라고 보면 된다. 건물이라고 볼 수 있는게 몇 개 안되는데 상당히 넓은 공원의 대부분은 큰 호수이다. 공원 곳곳에 많은 꽃들을 가져다 놓았다. 어딜 가나 사람으로 붐비는 중국인데 이곳에는 사람들이 많지 않아서 한결 낫다. 표지석에 보니 옛 송나라 시대 궁궐터였다고 써 있다. 왜 경제 문화적으로 번영했던 송나라는 군사력을 키우지 않았을까? 그리고 돈을 주어 국방 외교를 하려했을까? 역사를 배우는 이유가 그렇다고 하지만 이런 부분은 결국 자주국방에 대한 필요성을 다시 한번 느끼게 한다. 더 나아가 수도를 빼앗기고 항저우로 도읍을 옮긴 남송이 강남 시대의 전성기를 이루게 한 점도 그들의 경제 문화적 힘을 느끼게 하는 부분이다.

송나라 도성의 모습. 큰 탑도 있고 성곽도 해자까지 조성되어 있어 더 견고해 보이는 기분이다. 양 옆의 호수가 있고 가운데 중심으로 길을 따라 걸으면 용정공원의 메인 건물인 '용정' 대전으로 향하게 된다.

과거 송나라의 황궁이었음을 알려주는 표지석

이 건물이 메인 건물이기에 이곳이 용정공원인 것이다. 가파르고 높은 계단을 따라 오르면 황제가 앉는 자리를 나타내는 용문양의 황금 벽이 있다. 더운 날씨에 땀을 뻘뻘 흘리며 올라간 황제의 자리에서 내려다보이는 용정공원의 모습. 누각 위에서 바라보는 전경은 용정공원에서 놓쳐서는 안 되는 포인트 중에 하나이다. 용정을 중심으로 일직선으로 쭉 늘어나 있는 길과 길의 양 옆으로 호수와 호수 너머의 건물들이 나있는 모습은 시원시원한 느낌을 준다. 용정을 중심으로 나뉘어진 호수 중에 왼쪽을 양가호, 오른쪽을 반가호라고 한다. 대대로 충신 집안이던 양씨 가문의 이름을 따서 양가호, 역적 집안인 반씨 가문의 이름을 따서 반가호라고 지은 것인데, 이는 중국의 유명한 고전인 '양가장' 이야기와 연관되어 있다.

용정공원 내 아름다운 꽃 길과 용정대전

양가장 이야기는 말 그대로 '양씨 집안의 장수들'에 대한 이야기인데, 그 중에서도 양업과 이와 상충되던 반미의 이야기가 가장 대표적이다. 양가장 이야기는 다양한 방식으로 전승되어 지금도 많은 영화와 드라마의 단골소재가 되고 있다. 지금은 호수를 중심으로 가운데 길만 나 있지만 예전에는 호수가 있는 곳도 지금 자금성의 모습처럼 건물이 오밀조밀하게 들어서 있었다고 한다. 용정공원은 북송 시대의 황궁이었던 곳을 청나라 강희제 때 복원한 곳으로 현재 카이펑에서 가장 넓은 공원이기도 하다. 여기서 용정(龙停)이라는 이름은 공원 한가운데에 우뚝 솟아있는 용정대전에서 따온 것으로, 한자 뜻을 풀이하자면 '용이 머무는 곳' 정도가 되겠다. 용정대전은 강희제가 1692년에 세운 것으로 누대 위로 올라가는 계단에 새겨진 용 모양의 조각이 인상적이다. 누각 위의 전경이 마음에 들었는지 강희제는 용정대전에서 두 차례의 생일 연회를 치렀다고 한다. 송나라 도성 당시의 모형을 보니 그 당시 건물로 가득한 황궁의 모습들이 보인다. 용정대전의 배후에는 넓은 유원지가 자리잡고 있어 이 곳이 왜 공원이라 불리는지를 알게 된다. 공원 곳곳에 아름다운 풍경이 자리 잡고 있긴 하지만, 중국의 다른 공원들과 비교해 특별한 점이 있는 것은 아니다. 용정공원은 중국의 사극영화나 드라마의 촬영장이 되기도 하고 가을에는 국화축제가 열리는 곳이기도 하다. 옛 고도 카이펑 시내의 한적한 공원이 북송 시대의 번영했던 황궁터였다는 사실에 나오며 다시 한번 고개를 돌려 보게 한다.

개봉부(开封府)

북송의 수도 카이펑은 시안, 뤄양과 함께 중국의 7대 고도로 뽑힌다. 시안, 뤄양만큼은 아니지만 그래도 중원의 수도로써 오랫동안 자리매김한 역사 때문이다. 명나라 말기 1646년, 이자성의 난이 발발하자 명나라 군대는 황하를 이용하여 카이펑을 범람시켜 도시를 황폐화 시켰다. 이 후 1662년이나 되서야 강희제에 의해 카이펑은 재건되지만 1841년 홍수로 인해 다시 한 번 어려움을 겪는다. 현재의 모습은 재건된 모습이라고 한다.

카이펑하면 드라마 '판관 포청천'을 떼놓을 수 없다. 포청천은 송나라 때의 정치가로 카이펑에서 부윤(현재의 법관)으로 재직할 당시 고관대직을 가리지 않는 정직하고 공평한 판결로 인해 명성이 드높았다.

개봉부의 개작두

이후 소설 칠협오의에서 그를 주인공으로 내세워 대중화 되었고, 현대에 들어서는 칠협오의를 바탕으로 한 드라마가 인기를 끌며 한국에도 널리 알려졌다. 아직도 어릴 때 텔레비전에서 나오던 판관 포청천의 이야기를 재미있게 보던 기억이 난다. 카이펑 시내에는 이러한 포청천이 부윤으로 근무하던 개봉부(开封府)라는 곳이 존재한다. 물론 실제 포청천이 근무하던 당시의 건물은 아니고 그의 무덤에서 나온 문서들을 바탕으로 복원한 것이다. 그래서인지 사전정보 없이 간다면 그저 잘 꾸며놓은 공원같이 느껴질 뿐 큰 감흥을 얻기 어렵다. 그렇지만 개봉부에는 알고 가야만 보이는 몇 가지 흥미로운 이야기들이 존재한다.

개봉부 입구

우선 개봉부 성문 앞에는 암, 수 사자상이 늠름히 문을 지키고 있다. 중국에서 사자는 사악함을 구제하고 복을 가져오는 동물이라, 개봉부에 들어오는 사람들에게 많은 복이 가도록 성문 앞에 설치하였다고 한다. 보통 중국에서 복과 관련된 상징물에는 어디를 만지면 복이 온다하여 그 부분만 새카맣게 변해 있기 마련인데, 이 사자상도 다리 부분이 새까맣다. 나중에 찾아보니 아니나 다를까, 사자의 머리를 만지면 근심이 없어지고, 엉덩이를 만지면 병이 생기지 않고, 모두 다 만지면 장수한다는 이야기가 전해진다고 한다. 역시 중국 사람들은 민간신앙적인 이야기들을 참 좋아한다.

법관 안으로 들어서면 세 개의 작두가 눈에 띈다. 작두의 끝부분에는 각각 용, 호랑이, 개의 조각이 달려있어 용작두, 호작두, 개작두라고 불린다. 용작두는 귀족들을 처벌할 때 쓰인 반면, 호작두는 사대부, 개작두는 평민에게 사용되었다. 이는 당시 아무리 공명정대함을 내세우던 포청천도 신분의 고하를 고려하지 않을 수 없었음을 보여준다. 이 때문에 드라마에서도 어느 작두를 사용하느냐가 중요하게 여겨지는데, 포청천이 호작두를 대령하자 용작두로 처벌해달라고 대들다가 개작두로 강등 당하는 식의 재미있는 에피소드도 등장한다. 한편 개봉부의 안뜰에는 붉은색 글씨로 공생명(公生明, 공정함이 밝음을 낳는다)이라고 쓰인 비석이 서 있다. 이는 공정한 법의 집행에 있어 제도보다 법관, 즉 인간의 능력에 의존하는 것을 담고 있다. 이러한 인치(人治)적인 개념은 법치주의 국가에서는 맞지 않으나, 현대 중국에서 만큼은 여전히 유효하다. 아직도 중국의 사법계에는 퇴역군인 출신의 판사들이 많아 전문적인 재판이 제대로 이루어지지 않고 있다. 그렇기에 여전히 중국인들은 포청천과 같은 영웅을 고대하고 있는 실정이다. 개봉부는 비록 가상으로 세워지긴 했지만, 관광지화를 위해 기록에 의거하여 공을 들인 티가 많이 난다. 드라마 포청천에 대한 향수가 있다면 한번쯤 둘러봐도 재미있을 공간이다.

중국의 중원 고도를 떠나면서

중국의 고전이나 사극을 보면 가장 빈번하게 듣게 되는 말 중의 하나가 바로 중원(中原)이다. 중원이란 중앙의 넓은 들판이라는 의미로 황허강의 중상류 지역을 일컫는다. 현재의 행정 구역으로 따지자면 산시(陕西)성 동부에서부터 산시(山西)성, 허난(河南)성, 그리고 산동(山东)성 서부에 이르는 지역이다. 다만 중국의 영토가 확장되면서 이제는 화북평원 일대로 의미가 확장되어 사용되기도 한다. 중원지역은 지정학적으로 중국의 중심에 위치하고 있기 때문에, 예로부터 이 지역을 지배해야 중국을 지배하는 것으로 인식하였다. 그리하여 고대에는 중원(中原)이라는 의미가 곧 중국(中国)이라는 의미로 사용되어 왔다. 중원지역의 중요성은 역대 왕조의 수도변천 과정을 봐도 알 수 있다. 실제적으로 존재했다고 여겨지는 중국 최초의 왕조인 은나라(약 BC 16~BC 1066)의 수도인 은허부터 북송(960~1127)의 수도 카이펑까지 수천 년의 역사에서 분열기를 제외한 모든 통일 왕조의 수도가 바로 이 중원지역에 위치해 있다. 특히 장안(지금의 시안)과 낙양(지금의 뤄양)은 중국 고대사의 수도라 할 만하다.

이러한 역사적 맥락으로 인해 이 지역에서 한(汉)족의 문화가 가장 융성하게 꽃피웠다.

용정대전에서 내려다 본 용정공원

중국이 다민족 국가라고 하지만 사실 한족이 절대다수(90% 이상)를 점하고 있는 '한족 중심의 다민족 국가'이다. 그렇기에 우리가 흔히 중국문화를 생각하면 떠오르는 이미지들은 대부분 한족문화라고 할 수 있다. 이 지역은 세계 4대 문명 중에 하나인 황허문명의 발상지이며, 삼국지의 주요무대이기도 하였고, 문화적으로 융성했던 당나라의 주요영역이기도 하였다.

우리나라에서도 중원지역은 인기 있는 여행지이다. 자연산수나 도시생활을 즐기기 위한 여행이 아닌 중국문화를 테마로 하는 여행의 경우, 베이징 혹은 항저우 · 쑤저우와 함께 항상 언급되는 여행지가 바로 이 중원지역이다. 다만 베이징이 명·청 시대의 문화를 테마로, 항저우. 쑤저우가 강남 귀족문화를 테마로 하는 데에 반해 중원지역은 고대문화를 테마로 한다. 병마용, 화청지, 소림사, 룽먼석굴 등 우리 귀에 익숙한 유적지들이 많이 분포되어 있는 곳이기도 하다. 이처럼 중원지역은 유구한 역사뿐만 아니라 다양한 인물과 그와 관계된 이야기들로 가득하다. 과거의 영광으로 가득한 중원이 근대 들어와 경제적으로 낙후되었지만 문화재 등의 복구로 역사도시로 그리고 시진핑의 신 실크로드와 함께 다시 옛 영광을 찾고 있다.

북송 동경성 모형

산시성 출신인 시진핑은 인도와의 외교에서 신 실크로드를 이야기하면서 자신이 시안 출신임을 자랑스럽게 이야기하였다고 한다.

과거 제국의 수도이기에 많은 기대를 품고 떠났으나 막상 도착해보니 생각보다 고도의 느낌은 나지 않았다. 오히려 과거의 영광을 잃은 한적한 중소도시의 느낌이 들었다. 과거에 번성했던 북송 시대의 카이펑이 내가 지금 서있는 땅 10m 아래쪽에 묻혀 있다고 생각되니 열흘 붉은 꽃이 없다는 뜻으로, 권세나 영화는 영원할 수 없음을 이야기하는 花无十日红 权不十年(화무십일홍 권불십년)이라는 말이 계속해서 떠오른다.

7장
타이위안(太原)과 핑야오고성(平遥古城)

산시성의 성도 타이위안

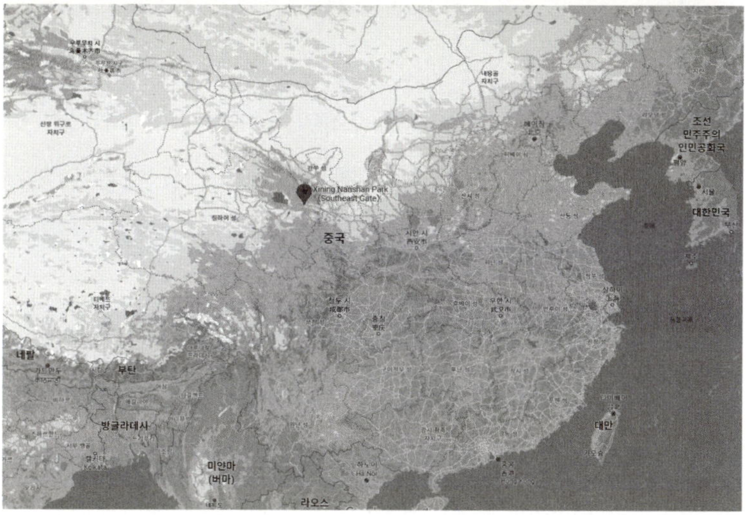

타이위안 공항 및 타이위안 위치

타이위안은 산시성의 성도이자 제일의 도시이면서, 2500여 년의 역사를 지닌 중국의 옛 도시이다. 타이위안은 펀쉐이(汾水)강 중류 분지 900m의 고원 지대에 발달하였다. 그래서 이름도 큰(太) 고원(原)이란 뜻으로 예로부터 석탄과 석회암이 풍부하고, 허난성과 베이징을 잇는 교통의 요충지라서, 산시성 제1의 공업 도시로 발전해왔다.

타이위안은 예로부터 줄곧 베이징(北京)과 뤄양(洛阳) 사이의 교통 요지이기도 하다. 타이위안은 BC 497년의 춘추 시대 때 조간자가 건설했으며 당시에는 진양이라 불렀다. 이후 당(唐)나라 때에는 이곳에 타이위안부(太原府)를 설치하여 돌궐족의 침입에 대비하였다. 타이위안은 오대십국 때에 후당, 후진, 후한 등의 발원지이기도 하다. 송(宋)나라 때에 태종이 양곡현을 이곳으로 옮겨 병주라고 하였다. 명 · 청 시대에 진상(晉商)의 출현으로 타이위안은 북방의 상업과 수공업의 중심이자, 중국 초기의 공업도시가 되었다. 중화민국 시기에 타이위안은 산시 군벌인 옌시산의 근거지로, 제2차 중일 전쟁 때는 일본군에 의해 점령당했다. 국공내전 시기에는 인민해방군이 옌시산의 군대와 싸워 이겨서 타이위안을 점령하였다. 옛 고도이기도 한 타이위안은 허난성 정저우와 함께 현재는 옛 역사 흔적이 많이 남아있지가 않다. 중국 여행 마니아들 사이에서는 "5,000년 중국역사를 보려면 산시(山西)로 가라"는 말이 있다. 중국 여행지라고 하면 아직 수도 베이징, 동쪽과 남쪽 해안지대의 상하이, 광저우 그리고 내륙의 유명관광지 시안, 구이린, 장가계, 우루무치 등의 여행지에만 관심이 쏠려 있다. 일반 한국인에게는 '산시(山西)'라는 지명부터가 낯설게 느껴질 수 있다. 중국에는 산시성(陕西省 shǎn xī shěng)과 또 다른 산시성(山西省 shān xī shěng) 2개의 산시성이 있다. 앞의 산시성은 병마용과 진시황제로 유명한 시안이 있는 산시성(섬서성)이고 뒤의 산시성은 타이위안이 있는 산시성이다. 근래 사람들이 잘 찾아다니는 도시 중심의 지역에서 탈피해서 비교적 조금은 번화하지 않은 중원에 있는 고도를 알아보는 중에 타이위안과 다퉁이라는 곳은 꼭 가보고 싶은 곳이었다. 타이위안은 비행기 예약을 했다가 취소를 하면서 위약금을 여러 번 내게 되어 손해를 봤던 도시이기도 하다. 그만큼 꼭 가보고 싶은 곳이었다.

핑야오고성

4월 초까지는 다롄에서 아침에 출발해 저녁에 돌아오는 비행기가 있었는데 그 후로는 당일 날 돌아오기가 쉽지 않았다. 7월경부터 다시 비행기 편이 조금씩 생겨 당일 일정으로 돌아올 수도 있었다. 타이위안으로 가는 비행기와 타이위안에서 핑야오고성으로 가는 왕복기차표를 끊고 다시금 역사 자료와 블로거들의 여행기를 찾아보았다. 타이위안으로 출발하는 날!!! 아침 일찍 서둘러 6시 50분의 비행기를 타기 위해서 집에서 5시에 나가본다. 띠디를 타고 공항으로 가 티켓팅을 하고 비행기에 올랐다. 드디어 이곳을 가게 되는구나!!! 다롄에서 타이위안까지는 1시간 50분 정도 되는데 중국이 여러 장소에 비해서는 부담스럽지 않은 시간을 할애하여 갈 수 있는 곳이다. 그동안 여행을 다니면서 그리고 중국에 와서 많은 비행기를 탔음에도 출발부터 내리기 전까지 비행기의 동체가 이렇게 흔들려 무서웠던 적은 처음이었던 것 같다. 비행기에 오르기 전에는 늘 불안함과 함께 설레임이 공존하곤 했는데 이번처럼 비행기를 탄 내내... 비행기가 흔들려 무서웠던 적은...

가까스로 놀란 몸과 마음을 가라앉히고 타이위안 우쑤 국제공항(太原武宿国际机场)에 내렸다. 무척이나 시설이 깨끗하고 여유로운 공항의 모습이다. 공항 밖으로 나오니 사람들이 별로 없다. 그래도 한 성의 성도를 대표하는 국제공항인데...

타이위안남역

중국의 성도와 같은 도시들은 최소 인구가 700~800만 명이다. 충칭 직할시 같은 경우는 인구가 3,000만 명이 넘는다. 하나의 도시 인구가 우리나라 인구의 1/5 또는 3/5인 셈이다. 고가도로 아래는 택시들이 쭉 줄지어 있는데 공안이 호객을 하거나 사기를 치는 행동을 못하도록 관리를 하고 있었다. 택시가 다른 지역과는 다르게 SUV 스타일의 깔끔한 택시였다. 조금 더 걸어 나가 공항 주차장이 보이는 곳에서 띠디를 불러 핑야오고성을 가기 위해 타이위안남역으로 출발을 하였다.

핑야오고성(平遥古城)

타이위안남역도 역시 굉장히 크다. 급하게 역에 도착했는데 기차 시간까지는 1시간가량의 여유가 있다. 여행 때마다 만만한 식사 장소인 컨더지에 들어가니 또우장과 죽 등의 아침 메뉴들이 나오는 시간은 벌써 지나버렸다. 그래서 좋아하는 치킨과 봉을 시켜서 몰래 사온 칭다오 맥주와 함께 먹어본다. 아침에 맥주를 마셔서 그런지 뱃속이 찌릿하다. 30분 정도 고속열차를 타고 핑야오고성역에 도착을 했다. 핑야오역이 더 가깝다는 이야기도 있었지만 그리 차이가 나지 않았고 상징적인 핑야오고성에서 내리고도 싶었다. 내려서 핑야오고성 역사를 둘러보니 정말 시골 느낌의 한적한 역이었다. 역사를 배경으로 사진을 찍어보면 마치 우리나라의 경주역과 같은 느낌이다.

핑야오고성역

중국의 고속열차가 다니는 역들은 대부분 정말 공항 같은 느낌이고 작은 역들은 우리나라의 구 경주역 같은 느낌이다. 핑야오고성역 앞에는 호객꾼 그리고 택시들이 잔뜩 있어 내리는 역에서 나오는 사람들에게 말을 시키며 흥정을 하고 있다. 블로그를 찾아본 기억에 의거하여 바로 앞에 있는 버스를 탔는데 사람이 가득타 있더라도 출발시간이 되지 않으면 출발을 하지 않는 것 같다. 오늘도 나의 여행은 정해진 시간이 있기 때문에 급한 마음에 내려 택시로 갈아타고 미터기로 운행금액을 책정해달라고 하였다. 물론 긴말은 필요 없고 미터기를 가리키며 소리를 친다. 중국에서도 여행객이나 외국인들을 상대로 바가지 요금을 매기는 경우가 있는데 미터기로 해달라고 하면 택시에도 CCTV가 설치되어 있어 꼼짝없이 미터기 요금으로 환산을 해준다. 15분 정도 달렸더니 핑야오고성 앞이다. 인근에 많은 기념품 샵과 식당들이 있다. 고성 입구 바로 앞쪽 매표소가 있길래 표를 예약하려고 하는데 위챗을 활용하여 외국인으로 여권 번호를 넣고 해야 하는 시스템인데 자꾸 오류가 나고 입력이 되질 않았다. 핑야오고성의 입장표는 고성 자체의 입장이 아니라 고성 안의 주요 지역에 대한 입장권을 사는 것이다. 중국의 여행지에 오면 위챗으로 스캔을 해 입력을 하여 입장권을 구입하는 경우도 있고 그냥 입장하는 사람 수에 맞게 매표소에서 입장권을 구입하는 경우도 있다. 핑야오고성의 입구 중에 한 곳 근처에 가까이 갔더니 코로나 이후로 꾸준히 요구를 하는 건강마 코드를 보여달라고 한다. 근데 그 바로 옆에서 여권을 보여주면서 입장권을 사고 싶다고 했더니 나이 드신 분이 의외로 영어로 도와주시면서 입장권 예매를 도와주셨다. 아까 앞에 있던 매표소의 불친절한 직원과는 다르게 일사천리로 예매가 된다. 종이 입장권이 아니고 휴대폰으로 큐알 코드를 보내주어 해당 장소에서 큐알 코드를 인식을 시키면 입장을 할 수 있었다.

핑야오고성역

중국의 고성들은 우리나라의 고성의 크기와는 차이가 있다.

지표면으로부터 보통은 8~10m의 높이로 내가 한국에서 봤던 성들의 1.5~2배 높이이다. 또한 핑야오고성은 여의도 면적의 5배의 크기로 쓰촨의 랑중(阆中), 윈난의 리장(丽江), 안휘의 서셴(歙县)과 더불어 '중국의 4대 고성'으로 불린다. 중국은 만리장성의 흔적들인 성곽들이 명나라 시대부터 근래까지 복구를 하여 잘 보존되어 있는 편이다. 핑야오[平遥] 고성은 세계 문화 유산으로 등재된 산시(山西)지방에서 가장 유명한 관광지 가운데 하나이다. 그런데 핑야오의 모든 지역이 관광지로 개발된 것이 아니며, 외각은 평범한 주거지에 불과하다. 그래서 핑야오고성 안으로 들어갈 때 입장료를 낼 필요가 없고, 박물관이나 옛 건물들에서만 관람료를 내면 된다. 만약에 성 외각이나 성 밖에 숙소를 예약하면 핑야오고성 안 깊숙이 문화재들을 관람하기 위해 꽤 긴 거리를 걸어와야 한다. 물론 작은 유료 셔틀버스 같은 것이 운행하기는 한다.

중국 내에는 수많은 고성이 존재하지만 핑야오고성만큼 원형이 잘 보존된 곳은 드물다. 중세 왕조 시대를 거치면서 매력들이 줄거나 없어진 다른 곳에 비해 핑야오는 오래된 옛 멋을 잘 유지하고 있다. 하지만 그 원형을 보존하기 위해서였는지 내가 방문했을 때는 이곳 저곳에 대한 공사를 하는 곳이 많았다. 하지만 전체적으로 보면 핑야오는 손상 없이 잘 보존된 묘한 매력의 모습을 잘 유지하고 있다. 예컨대 성벽과 그 안의 형성된 도시의 우아한 정원 건축, 그 중에서도 높은 건물, 절과 오래된 건물 등은 그 시대를 재현하거나 짐작해 보기 좋은 건축물들이다. 핑야오는 명나라 시절부터 3만 명이 함께 살아가는 주거공간이면서 왕성한 상업도시였다. 그 역사와 함께 여러 번의 도시 개조를 피했던 핑야오는 공산주의 도시계획자들의 관심을 모았고 거의 4천여 명의 명 · 청 시대 거주자들이 성벽 내에서 삶을 이어오고 있다.

핑야오고성 매표소

1990년 초반까지 핑야오를 찾는 외국인은 성 밖의 호텔에 머물러야 했다. 이후 공식 방문 한 외국인들은 성문까지 조심스러운 접근이 차츰 허용되었고 성문 뒤에 잘 보존된 숨겨진 놀랄만한 도시를 보게 된 것이다. 보존과 휴식이 핑야오의 역사인 것이다.

핑야오고성에 들어가자마자 인터넷에서 다운 받아 온 맵을 봤는데 들어온 입구를 착각하기 시작하여 전혀 다른 여정을 가게 된다. 인터넷에서 봤던 모습 사진들과는 조금은 다르다. 바이두 지도를 통해 현재 위치를 확인하면서 다니는데... 한 30분

가서야… 나의 위치와 오늘 일정의 위치를 잡아보게 된다. 고성 전체적으로 곳곳에 공사가 한창이다. 고성의 중심가로 들어가 보니 마치 타임머신을 타고 명 · 청 시대로 들어가는 착각이 들 정도로 옛 모습을 잘 간직하고 있다.

고성 내 상가

많은 사람이 없음에도 불구하고 곳곳에는 중국의 한푸를 입은 사람들로 붐볐다. 우리나라의 고궁에서 한복을 입는 20~30대들과 비슷하다. 핑야오고성은 중국 최초의 은행과 최대의 표창국이 있는 당시 번화했던 경제 발전지로, 중국 명 · 청 시대의 문화, 사회, 경제 발전을 보여주는 유적지이다. 고성에 도착하면 관람차를 타고 다니는 사람들을 쉽게 만날 수 있다고 하는데 내가 가던 날은 많지 않은 사람들로 인해 타는 사람을 못 보았다. 관람차를 타는 것도 좋겠지만 느긋하게 걸어 다니며 옛 정취를 고스란히 느끼면 더욱더 좋다.

핑야오고성에서 숙박을 하게 되면 성안의 객잔에서 자는 것도 괜찮을 것 같다. 특히 여름철 같은 경우는 더운 낮과는 다르게 늦은 밤까지 마음껏 핑야오를 느낄 수 있기 때문이다. 핑야오는 낮과 밤의 풍경이 다르다고 한다. 중국 특유의 야경 끝판왕의 모습과 함께 특유의 야시장도 볼 수 있기 때문이다. 핑야오고성의 주요 관광지는 성벽(城墙) – 명청가(明清街) – 현아(县衙) – 협동경(协同庆) – 문묘(文庙) – 성황묘(城隍庙) – 일승창(日升昌) – 청허관(清虚观) 등이 있다. 이 장소를 들어갈 때는 아까 입장권을 살 때 휴대폰으로 받은 QR코드를 인식하면 입장할 수 있다. 핑야오고성은 시안 성벽에 비해서는 한없이 소박하지만 성벽이 도시를 둘러싸고 있으며 그 길이가 6,163m나 된다. 대부분 중국 관광객들은 고성에 오면 반드시 성벽에 올라 여유롭게 걸으며 옛 모습을 감상한다. 성벽에 올라 고성 안을 보니 요즘의 도시처럼 높낮이가 다르거나 각 건물들이 개성이 강한 것과는 다르게 일반적인 소박한 서민들의 삶을 엿볼 수도 있었다. 파란 하늘과 함께 주변에 날아다니는 새들... 그리고 일반 처마들과는 다르게 3층 정도로 올린 성벽 위의 건물들... 그 크기와 높이에 다시 한번 놀라움을 금치 못한다. 이어서 간 핑야오현의 관아는 600여 년의 역사를 가지고 있다. 여러 기관이 집무를 보는 곳으로 지금의 식량국, 검찰원과 비슷하다. 현아에는 감옥도 볼 수 있다. 감옥마저 신분에 따라 등급이 매겨져 있다고 한다. 신분이 높은 죄인을 가두기 위해서는 감옥도 나름 퀄리티가 다르다. 이곳에는 사형수를 가두기 위한 곳도 볼 수 있다. 일승창(日升昌)은 핑야오고성에서 가장 큰 표호(票号)이다. 중국 최초의 은행이라고 볼 수 있다. 이곳을 둘러보면 당시 핑야오가 얼마나 번화했는지 느낄 수 있다. 산시성 특히 핑야오 지역은 중국의 상인들이 많이 거주하던 곳이다. 그래서 경제적으로 돈이 많이 드나들던 곳이었다. 이렇기 때문에 그에 맞는 은행의 개념이 필요했다.

핑야오고성 맥주

몇 군데 QR코드를 찍어 비슷한 건물을 다니다 보니 더운 날씨에 흥미가 떨어진다. 핑야오고성은 산시 상인들, 특히 표국의 거점이기도 하였다. 치안이 좋고, 교통이 발달한 지금이야 화물을 운반할 때 물품에 손상이 가지 않은 상태로 제 시간에 배달하는 것은 어려운 일이 아니지만, 옛날에는 화물을 운송하는 이들은 도적들의 좋은 먹잇감이 되었다. 특히 금과 은처럼 귀중품들은 두말하면 잔소리였다. 이에 무술의 고수들이 모여 경호원과 같은 느낌으로 표국이라고 불리는 귀중품들을 운반하는 회사를 세웠다. 비록 무협지에서 표국은 거의 항상 악당들에게 당하는 엑스트라로만 묘사되지만, 현실에서는 무림의 고수들이 모인 단체였다. 그리고 그들만의 임무를 수행하기 위한 나름의 원칙들이 있었다. 어느새 슬슬 배가 고프기 시작한다.

핑야오고성의 거리는 명 · 청 시대의 옛 거리의 모습을 그대로 보존하고 있다. 명 · 청 시대의 주거지가 4,000채 이상 보존되어 있다고 한다. 대부분 핑야오고성을 방문하는 관광객들은 중국의 옛 모습을 느끼고 싶은 사람들이 많이 찾아온다. 명청가(明清街)는 핑야오고성의 상업 중심가이다. 중심가답게 각종 식당, 산시성의 특산품과 기념품 가게 등 많은 상점들이 모여 있다. 또한 이곳에는 핑야오고성의 많은 관광 명소가 모여 있는 곳이기도 하다.

핑야오고성 성루

문화적 가치가 있는 목조 건물들과 그 시대의 귀중한 유물들이 많이 남아 있다. 목이 말라 작은 가게에 들어가 칭다오 맥주가 있어 냉장고에서 꺼내 보니 무언가 조금은 다른 라벨에 놀랐다. 다시 확인해보니 핑야오고성 맥주였다. 그리고 맥주를 사가지고 나오면서 앞에서 본 전통음식점은 내가 늘 봤던 컨더지가 있었다. 산시성의 음식이 맛있다고도 하는데 중국향에 아직 민감한 나는 컨더지에서 핑야오 맥주와 함께 다양한 메뉴를 먹어본다. 맥주와 함께 피곤함, 더위를 상쇄시켜주는 에어컨의 바람과 함께 늘어짐을 느낀다. 갈 시간이 얼마 안 남았기에 다시 한번 서둘러 일어났다.

핑야오고성 안에도 이 지역 특유의 공연이 있다고 한다. 그것은 바로 우견평요(又见平遥) 공연이다. 미리 인터넷 예매도 가능하지만 숙박 시설 등 곳곳에서 예매가 가능하다.

핑야오고성 내부 모습

나야 빨리 돌아가야 하는 터라 공연을 못봐 아쉽긴 하지만 보통은 저녁에 공연이 있어 핑야오고성 거리를 즐긴 후 공연 시간에 맞춰 천천히 공연장에서 공연을 볼 수 있다. 우견평요는 핑야오고성의 삶을 대변하는 독특한 공연이며 자신들 스스로가 모두 산시성(山西省)의 사람이라는 자부심을 보여주는 공연이라고 한다. 핑야오고성의 야경과 좋은 공연을 보지 못하고 떠나는 마음에 아쉬움이 들었다.

핑야오고성 외곽지에는 교가대원(乔家大院)이 있다. 교가대원은 교씨성을 지닌 사람의 대저택이라고 할 수 있다. 영화 홍등(장예모 감독, 공리 주연)을 보면서 꼭 가보고 싶은 곳이었다. 홍등은 소동의 소설 '처첩성군'을 영화화 한 것으로 해질녘의 음울한 분위기와 붉은 등의 조화, 위에서 바라보는 기와들의 멋들어진 곡선들은 이 교가대원이 아닌 세트장에서는 표현할 수 없는 장면들이다. 핑야오고성에서 교가대원까지는 1시간 정도 걸린다고 하는데 조금은 아쉬운 마음이 든다. 이 밖에도 진사라는 곳이 있는데 이곳은 중국에 현존하는 '가장 오래된 종사(宗祠, 일족의 조상을 함께 모시는 사당)'로 꼽힌다. "진사를 보지 않았다면, 타이위안에 오지 않은 것과 같다"란 말이 있을 정도로 진사는 타이위안을 대표하는 관광지이다. 진사는 글자 그대로 해석하면 진(晋)의 사당이라는 뜻이다. 춘추 시대 때 존재했던 진(晋) 나라는 산시성이 근거지였다. 중국을 통일한 진(秦) 나라와는 다른 나라이다. 중국에 여러 곳을 다닐 때마다 시간의 촉박함과 다시 못 올 수도 있는 짧은 시간에 많은 장소를 다녀야 하는 아쉬움이 든다.

짧은 일정의 타이위안과 핑야오고성

핑야오고성은 다퉁이라는 도시의 성곽과 함께 꼭 가보고 싶었다. 시안, 뤄양, 카이펑과 같이 중국 특유의 전통적인 도시로서 그 나름의 발전되지 않음이 더 매력적인 곳이었다. 짧은 일정에 벼르다 왔는데 또 급하게 가야 됨이 아쉬웠다. 타이위안은 산시성의 성도로서 조금은 낙후된 곳으로 알려져 있었는데 시내에서 본 타이위안은 깔끔하고 번화한 발전된 도시였다. 그리고 관리라는 것이 잘된 곳인 것 같다. 핑야오고성에서 타이위안남역으로 와 비행기 시간까지 여유가 있어 쌍탑사라는 곳을 찾아가 보기로 하였다.

쌍탑사의 원래 이름은 영조사(永祚寺)로, 과거 타이위안의 랜드마크였다고 한다. 쌍탑사가 오랫동안 시내에서 가장 높아 어디에서나 볼 수 있었기 때문이다. 하지만 지금은 높은 건물이 너무 많은 터라 잘 보이지 않는다. 택시 기사님께 쌍탑사라고 말씀을 드렸는데 영조사이고 이곳은 지금 공사 중이라고 들어갈 수 없다고 말씀을 하신다. 인근에서 내려달라고 말씀을 드리고 어떻게 안으로 들어가려고 하는데 경비원들이 철통 경계를 하는 터라 들어갈 수가 없다. 쌍탑사 인근에는 공원과 함께 백화점 및 아울렛이 있었다. 조금 더 가까이에 접근해서 사진을 찍기로 하고 아쉬운 마음을 접어야 했다. 쌍탑사는 두 개의 높은 탑이 나란하게 세워진 모습을 가지고 있는 절이다.

쌍탑사의 모습

명대에 세워졌다는 두 개의 탑은 먼 곳에서 바라보는데도 정말 높기도 하다. 영조사라는 본디 이름이 있지만 이 두 개의 탑 때문에 쌍탑사라는 이름으로 더욱 친근하다. 탑이 세워졌다는 그 옛날 명나라 시대에는 정말 더 높게 인식이 되었을 듯하다.

핑야오고성

쌍탑사는 8각 13층 55m 높이이며 내부 계단을 통해 탑의 꼭대기로도 올라가 볼 수 있다고 한다. 쌍탑사에는 대웅전 같은 건물들도 함께 있다.

곧 돌아가야 하는 터라 아쉬운 마음에 띠디를 불러 타이위안 공항으로 향하였다. 두 끼 내내 컨더지로 해결했기에 공항에서는 산시성의 유명한 우육면 세트를 먹었다. 공항 특유의 비싼 가격에 놀라게 된다. 갈 때는 비행기가 올 때처럼 널뛰듯 하지 않아 다행이다. 짧은 일정이었지만 꼭 가보기로 한 곳을 갈 수 있어 의미있는 하루였다. 다음엔 또 어딜 가볼까?

8장

칭하이성과 아름다운 도시 시닝(西宁)

중국에서 맞이한 3번째 여름

코로나가 장기화 되다보니 방학에도 한국에 갈 수 없는 현실이다. 코로나가 시작된 이후로 연휴가 되면 꼭 확진자가 발생하여 거주지 이외 지역으로 이동하기 어려운 상황이 생기곤 했다.

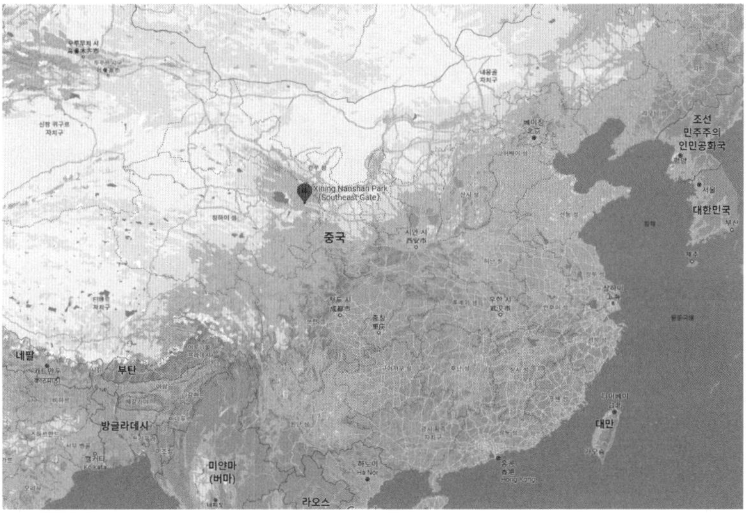

시닝의 위치

그래서인지 무기력해 지기도 하고 갑갑하기도 했는데 이번 해에는 중국 자체가 코로나 종식을 선언했기에 나름 안전한 상황이기도 하다. 그래서 그동안 꼭 가보고 싶었던 실크로드 지역 여행 계획을 세워본다. 최대한 안전과 방역에 대한 조심을 하면서 다닐 생각을 해본다. 코로나가 언제 종식될지 모르는 상황에 아마 한국으로 돌아가면 해외여행에 대한 생각은 버려야 할 듯하다. 한국에서는 사실 집 앞에 나갈 때도 조심해야 하는 상황에 코로나 근원지라 불리는 중국의 역사문화 기행을 소개하는 것은 조심스런 부분이 있었다.

칭하이성 인근의 높은 산들

그럼에도 가깝고도 먼 이웃인 중국에 대해 직접 체험할 수 있는 기회를 가져보고 우리의 현실을 들여다보는 냉정한 기회를 갖는 것이 중요하다고 생각해본다. 근래 방학 중 교사의 41조 연수나 조퇴 문제 등에 대해 다소 다른 관점을 가지고 색안경을 끼고 보는 사람들로 인해 맘 아프고 불끈하는 현실이지만 이럴수록 우리 내면과 과제분리해 볼 수 있기를 희망해 본다.

"우리는 우리 자신과 만날 수 있을 때 다른 사람과도 만날 수 있다. '자기'가 충분한 힘을 가지고 살 때 자기를 중심으로 내면의 여러 부분들을 조화롭게 다스리면서 자기를 표현할 수 있는 데 반해 자기가 힘을 잃으면 감정이나 지각 신체적 욕구에 지배당하게 된다.”

– 사티어 방식 의사소통방법 –

사실 실크로드 지역에 대한 여행은 중국에 온 첫 해부터 계획했었다. 워낙 멀기도 하고 고단한 일정이라 이곳에 있을 때 정말 내가 갈 수 있을까?라는 의문이 들곤 하였다. 하지만 여름이 되면서 보이는 여행사들의 상품을 보면서 높은 가격과 정해진 동선으로 인해 직접 여행을 해보고 싶었다. 아무래도 장시간 기차를 타는 것은 너무 무리인 것 같다. 그래서 주로 비행기를 활용하여 다니고 하루에 두 번을 타더라도 고속열차를 타면서 다니는 일정을 계획해 본다.

일월산 박물관에 있는 칭하이성 인근 지도

그러다 보니 여름 휴가철에 비용이 올라가는 것은 어쩔 수 없었다. 보통 실크로드 여행을 시작하는 사람들은 당나라의 국제도시였던 장안(시안)에서 시작하여 란저우로 이동하는 경우가 많다. 다롄에서 시닝으로 가는 비행기가 며칠 뜸을 들였더니 가격이 2배 가까이 오른 데다가 직항이 없어 경유를 하는 터라 비행 시간까지 합쳐 5시간이 넘는 상황이다. 그래서 상대적으로 가격이 저렴한 란저우행 비행기를 예약하고 란저우역에서 시닝역으로 고속열차로 이동할 생각이다. 여행을 다닐 때 여러 변수가 늘 있지만 실크로드로의 여행은 계획부터 여러 변수가 발생하고 있다. 이런 변수로 가슴이 콩닥콩닥... 묘한 설레임도 동반을 한다.

란저우에서 시닝으로

전날 가벼운 옷가지 정도만 챙긴 배낭 하나 만을 둘러맨 후 아침 일찍 일어나 띠디를 타고 다롄 공항으로 향하였다. 공항의 2층 출국장에서 건강코드를 보여준 후 티켓팅을 하였다. 분명 톈진 공항에서 경유를 한번 하기로 하였는데 티켓을 하나만 준다. 비행기에서 그냥 타고 있으면 되나 생각했는데 나중에 보니 비행기에서 잠깐 내리고 1시간 후 티켓에 체크를 하고 다시 비행기에 오르는 것이다. 어제 들었던 묘한 설레임에 가슴이 콩닥콩닥 뛴다. 밥을 안 먹은 터라 기내식을 기대해 본다. 지난번 타이위안에 갈 때도 하이난 항공 비행기를 타고 갔는데 우리나라의 항공사처럼 비행기도 깔끔하고 좋은 서비스를 제공하는 것 같아 안심이다. 기내식을 기대했지만 샌드위치를 주어 약간은 실망이다.

란저우 도심을 흐르는 황허

다롄에서 이륙한 비행기는 1시간이 좀 넘어서 톈진 공항에 도착을 했다. 중국에서 경유하는 비행기는 처음 타는 터라 조금은 낯설기도 하지만 중국 오던 첫해 여행을 와봤던 톈진공항이 왠지 익숙하기만 하다. 1시간의 여유가 있어 화장실을 다녀온 후 편의점에 들러 먹거리를 산후 탑승장 입구에서 앉아 기다려본다. 톈진에서 란저우까지는 3시간 정도를 더 가면 된다. 같은 비행기에 다시 오른 후 이륙을 했다. 아까의 샌드위치와는 다르게 다시 한번 제대로 된 기내식이 나온다. 중국은 보통 닭고기 볶음밥이 많이 나오는 듯하다. 깔끔하게 맛있게 먹은 후 잠 잘 준비를 해본다. 첫날 걱정되는 것이 비행기에서 내려 란저우역까지 1시간이 걸리는데... 내가 타야 할 란저우에서 시닝 가는 고속열차 시간에 아슬아슬하게 도착을 할 듯하다. 일단 내려서 생각하기로 하고 잠을 청해본다. 지난번에 타이위안 갈 때 비행기가 너무 흔들려서 불안했는데 이번에는 다행히 난기류를 타지 않는 듯하다. 창밖을 보니 산이 황량하다. 이곳 간쑤성과 인근에 있는 지역이 고산지역이고 땅이 척박한 편이라고 하는데 벌써부터 그런 모습들이 눈에 보인다. 드디어 란저우 중촨 공항(兰州 中川机场)에 도착하였다. 공항에서 나오자마자 택시로 뛰어간다. 택시 기사님이 여자 분이시다. 란저우역의 기차시간을 알려준 후 갈 수 있겠냐고 말씀을 드려본다. 고속도로를 이용하여 나름 서두르신다고 하니 믿어보기로 하고 차에 올라 타본다.

란저우역

중국의 공항이나 기차역 앞에서 택시를 타다보면 조금은 조심스러운 부분들이 있다. 일부의 택시기사들은 외지에서 온 사람이나 외국인들에게 택시비를 터무니없이 매기는 경우가 있다. 지난 번 하얼빈역에서 하얼빈서역을 가는데 띠디를 이용했을 때 16위안 정도의 가격인데 그 전에 택시를 타려고 했더니 50위안을 달라고 하는 것이다. 공항이나 기차역에서 택시 승강장에서 공안이 통제를 하는 곳과 그렇지 않은 곳도 있기 때문에 바로 앞에서 탑승하지 말고 조금 이동해서 탑승한 후 미터기를 이용해 달라고 하면 미터기 요금만 지불해도 될 것이다. 택시에 타서 밖을 보니 햇살 아래로 사막이 끊임없이 펼쳐져 있고 보이는 산들에는 나무 하나 심어진 곳이 없었다. 산 곳곳에는 물을 뿌려주는 스프링 쿨러 같은 것들이 있었으며 비가 잘 오지 않는 곳이라 그런지 산사태의 위험은 없는 듯하였다. 멀리 산 중턱 곳곳에는 작은 동굴 같은 것들이 보이는데 자세히 보면 사원과 작은 불상 같은 것들도 함께 보인다. 비슷한 형태의 지역을 1시간 가까이 빠른 속도로 지나가다 보니... 멀미가 난다. 이곳이 실크로드로 연결되는 곳이 맞긴 맞는 것 같다. 드디어 란저우로 들어가는 톨게이트가 나온다. 공항에서 란저우 시내로 들어가는데 50분이 걸린 듯하다. 고속열차 실물 티켓은 미리 수령을 해놨기에 15분 정도 남은 시간이 안타까운 상황이다. 시내에는 고층 빌딩이 가득하고 흙탕물이 시내를 가로질러 흐르고 있고 그 강 위로 다리들이 연달아 있다. 그러고 보니 이곳이 말로만 들었던 황허(黃河)이다. 황허를 처음 본 사람들은 pet병에 황허의 흙탕물을 담아 기념으로 보관하는 사람들도 있다고 한다. 일단 란저우는 돌아오는 날 다시 올 곳이기에 란저우역으로 가서 시닝 가는 기차를 빨리 타야만 했다. 고속열차 출발시간 1시까지 2분이 남은 상황이다. 란저우역이 저 앞에 보인다. 그러고 보니 란저우역 뒤쪽으로는 높은 경사를 이룬 큰 산이 보인다. 도시 안에 이렇게 높은 산이 있는 것은 처음 본 모습이다. 란저우역 바로 앞에 내려주면 좋으련만 내려서 길을 건너야 하는 상황이다. 처음에는 친절했던 기사님이... 막상 기차 시간을 놓칠 것을 아셨는지 조금씩은 퉁명스럽다.

밤에야 도착한 시닝역

내가 중국어를 알아듣는 것은 아니지만 그녀의 마음이 마음으로 느껴진다. 급하게 내려서 길을 건너 란저우역사로 뛰어갔다. 란저우역 건물은 정말 오래되었다고 확연히 느껴지는 곳이다. 역 매표소 입구를 들어가 보니 수산물 경매시장 같은 느낌으로 어두운 곳에 사람들로 가득 차 있다. 매표소 앞에 보여지는 전광판을 보니 대부분 이곳에서 출발하는 열차들은 시닝, 자위관, 돈황 등 실크로드의 도시로 가는 것이다. 근데 대부분 매진이거나 늦은 시간 저녁 8~10시에도 한두 자리 정도 남아 있는 것이다. 휴대폰으로 남은 시간대의 표를 끊임없이 눌러보면서 줄을 섰는데 유난히 내가 선 곳의 줄은 줄지가 않는다. 매표원이 계속해서 이리저리 돌아다니고 있는 것이다. 다른 줄의 2배가 되는 상황에서 가까이 가서 보니 매표원이 업무를 잘 모르는 초보인 것 같다. 한두 명 표를 끊어주고 그 사람들이 잘못된 표를 받아와서 다시 항의를 하고... 그 상황을 모르니... 또 옆에 가서 선배 매표원들에게 물어보고 해결이 안 되고 반복되는 상황이었다. 더운 날씨에 땀도 나고 매표소 안의 상황이 답답한 상황이다. 매표원이 다른 사람으로 바뀐 후에 드디어 차례가 되어 환불조치를 한 후 오늘 기차를 다시 찾아보는데 다행히 8시 경의 표가 있어 끊게 되었다. 다만 출발 기차역은 이곳 란저우역이 아니라 고속열차 전용의 란저우서역이다.

하루에도 여러 번 타보는 고속열차 - 란저우서역

란저우역 인근은 오래된 전형적인 구도심이다. 인근에 보니 우리가 잘 알고 있는 공차 매장도 있고 이곳 특유의 우육면 집들이 있었다. 그러고 보니 란저우란 도시의 가장 유명한 음식은 란저우 면이다. 중국 전역에는 지역 특유의 면이 있는데 란저우는 란저우 면이 특색 음식인 것이다. 일단 란저우서역으로 가서 밥을 해결하기로 해본다. 란저우역 앞에서 택시를 잡아 타고 란저우 씨잔이라고 했더니 기사님이 씨잔이 여러 가지가 있으니 말을 해달라고 한다. 카오티에 고속열차가 출발하는 곳이라고 말하는데… 갑자기 짜증을 낸다. 잘은 모르겠는데 자기 말의 성조 억양이 중국의 표준어인 보통화랑 비슷한데 왜 못알아 듣느냐는 것이다. 외국인이라 못 알아듣는다고 했더니 자꾸 짜증을 내는데… 외지에서 괜히 말썽이 생길 필요가 없는 듯해서 말을 툭 던지고 말았다. 지역 사람들의 나름의 자격지심인 것 같다. 도착한 란저우서역은 란저우역에 비해서 규모도 크고 지은 지 얼마 안 된 곳이다.

황허맥주

역사 안으로 들어가서 3~4시간 가까이 남아 있는 기차시간까지 시간을 보내야 했다. 역시 내가 좋아하는 KFC 치킨을 주문한 후 편의점에 보니 이 지역 특유의 황허 맥주가 있어 그것을 먹기로 해본다. 맛이 특별하거나 그런 것은 없는데 중국에는 지역 술이 많다고 하기에 주문을 해보았다. 그래도 란저우역에 비해 역사 자체가 워낙 크고 깨끗하고 사람들도 많지 않아 여유가 있었다. 중국의 공항이나 역에 가면 안마 의자가 엄청나게 많다. 안마 의자에 앉아 위챗으로 30분가량 계산을 했는데 생각보다 시원함에 나도 모르게 잠이 드는 듯하다.

길고 지루했던 시간이 지나고 드디어 시닝행 기차를 타본다. 란저우서역에서 시닝역까지는 고속열차로 2시간 20분 정도가 걸린다. 매번 느끼지만 큰 나라이다. 실크로드 여행 계획을 세우면서 침대 기차나 일반기차로 오랜 시간을 할애하는 여행이 아니기에 감사하는 마음을 가져본다. 드디어!!! 시닝역에 도착하였다. 오늘 아침 일찍 비행기를 타고 란저우를 들렀다가 시닝에 도착한 것밖에 없는데 밤 10시다. 시닝역 바로 앞에 있는 호텔에 들어가 체크인을 한 후 앞에 있는 슈퍼마켓에서 물과 맥주를 사본다. 특히 간쑤성이나 칭하이성 인근은 외국인들이 머물만한 호텔이 많지 않다. 그래서 잘 확인하고 가야 한다. 4~5성급 이상의 호텔들은 대부분 외국인들이 이용하기에는 안전한 곳이다. 호텔 외관과는 다르게 안에는 조금은 열악하지만 샤워를 한 후 가져온 사발면과 맥주 한 캔을 마시면서 앞으로의 여행 계획을 머리 속에 그려본다.

시닝역 인근 만두집에서 간식 사기

칭하이 성

아침 일찍 일어나 조식을 먹으러 갔는데 텔레비전에서 정저우에 많은 비가 내려 차량들이 침수되었고 더불어 사람들도 많이 죽었다는 보도를 하고 있다. 내가 갔던 정저우역 인근 지하철이 침수되었다는 이야기도 있다. 여행의 기쁨과 행복을 누리고 있지만 여권과 휴대폰 하나 들고 낯선 곳에 온 상황이라 정신이 번쩍 든다. 중국에 와서 머문 호텔들은 한국과 일본의 어느 곳에서 봤던 호텔보다 깨끗하고 서비스도 좋았던 기억이 있었는데 이번 호텔은 조금은 부족한 느낌이 든다. 조식 퀄리티가... 계란 후라이와 몇 개의 음식이 더 있으면 만족할 조식인 것을 위생 상태부터 해서 중국 특유의 날 것을 보여주고 있다. 대략 적당한 선의 식사를 마친 후에 방으로 가 예약 차(띵차) 기사님께 연락을 해 주차장에서 만나기로 하였다.

띵차 기사님

기사님은 어느새 카운터에 와 계셨다. 체크아웃을 한 후 기사님과 차를 타고 출발해본다. 보통은 호텔 등에 문의를 해서 1일 투어에 대한 도움을 받을 수 있는데 중국어가 서툴렀던 터라 실크로드 지역을 여행했던 한국 블로거를 통해서 운전기사님의 연락처를 알게 되었고 번역기(파파고)를 통해서 예약을 하게 되었다. 충칭 지역에 여행을 갔다가 1일 투어를 중국 현지인과 하면서 조금은 난해했던 상황이 있었던 터라 비용을 더 지불을 하더라도 편하게 다니고 싶었다. 오늘의 일정은 칭하이성의 시닝에서 일월산, 바다 같은 호수 칭하이호 그리고 그림 같은 차카염호이다. 거리상으로 봤을 때 1일 투어 상으로도 한군데를 빼고 가거나 아니면 차카염호에 다 달았을 위치에선 1박을 해야 하는데 선뜻 하루에 다 갈 수 있다고 하기에 미심쩍지만 믿어보기로 하고 떠나본다.

시닝은 황허강의 지류인 황수이강 유역의 기름진 산간분지 안에 있으며, 간쑤성의 란저우에서 서쪽으로 약 200㎞ 떨어져 있다. 시닝은 언제나 중국 서부 국경지대의 전략적 요지였다. 한나라 때 임강현이 설치되어 이 지방의 창족을 다스렸다. 수·당 시대에 다시 변경 현이 되었고, 763년 토번이 이곳을 점령했고, 토번 점령기에 중국인에 의해 청당성이라 불렸다. 1104년 송은 이곳을 되찾아 '서쪽의 평화스런 곳'이란 뜻으로 시닝이라 이름 지었다. 7세기에 창시된 티베트 불교(라마교)가 발전하면서 중요한 종교 중심지가 되었다. 1928년 칭하이가 성으로 분리되면서 성도가 되었고 1945년 시로 승격되었다.

시닝 시내에서 벗어나면서 등장하는 룽타와 타르초

기사님과 7시에 차량으로 출발을 하니 아침을 먹었냐고 해서 먹었다고 했는데 간식을 준비하기로 해서 아침에 오픈한 만두집에 내려 요기 거리를 찾아보았다. 만두와 찐 달걀을 주문해서 비닐봉지에 담아 먹었는데 생각보다 맛있었다.

일월산

기사님이 생각보다 착하신 분 같다. 한국 관광객이지만 진심으로 배려해주고 부탁했던 고산병 약과 산소통도 사다주셨다. 칭하이성의 대부분은 해발 2,500~4,000m이상이 되는 곳이다. 차량으로 급경사를 가는게 아니기에 잘 모르는 경우도 있지만 차에서 내려 걷다보면 숨이 차는 것을 느낄 수 있다. 일월산은 칭하이의 가장 대표적인 관광지이다. 그리고 중국에서도 지리적으로 큰 의미를 지닌 곳이라고 한다. 일월산은 실크로드로 갈 수 있는 역사적으로 중요한 통로였다. 현재 지도를 찾아 보면 시닝에서 출발했을 때 일월산에서 실크로드로 가는 북쪽 길과 칭하이호와 차카염호로 가는 남쪽 길로 갈라진다. 예전 이곳은 중국와 티벳의 경계선이고 이 산을 넘어가야지만 서역을 넘어갈 수 있었다. 우리나라는 매번 중국과 이민족에 의해 침입을 받는 경우가 많았다. 그래서 맘 아프고 힘든 우리의 역사이기도 하다. 이곳에 와서 중국의 역사를 다시 보니 중국 본토 민족(특히 한족) 역시 주변 국가 및 이민족에 의한 침입을 많이 받았다. 특히 통일 왕조로 서역과 왕래가 빈번했던 당나라의 경우에도 인근의 국가들에 의해 침입을 많이 받았던 터이다.

일월산 입구 - 한국 사람들이 제법 오는 듯하다.

대표적인 나라가 토번국인데 토번은 티베트고원의 중앙에 성립된 고대왕국으로, 7세기부터 9세기 중순까지 티베트 지역 역사상 국력이 가장 강했던 왕조였다. 당나라는 강력해진 토번에 의해 타림분지인 서역을 잃고 토번에 조공하게 된다. 당나라는 이 시기 티베트에서 존속한 왕조를 '토번'이라고 불렀고, 이 명칭이 14세기 중순까지 티베트의 통칭으로 사용되었다. 당 태종은 토번국에 조공을 보내면서 문성공주를 티베트 송첸캄포 왕과 혼인을 시키기로 하였다. 당나라 문성공주가 토번국으로 시집을 가면서 당나라 수도 西安쪽을 바라보며 울었다는 곳이 일월산(日月山)이다. 아침 일찍 서둘렀는데 보이는 산들이 꽤 높은 느낌이 든다. 표시판을 보니 해발고도가 2,000m가 넘는 곳들이다. 그리고 무엇보다 절경이다. 구름이 산중턱에 걸려있다.

일월산에 보이는 룽타와 타루초

출발할 때는 서둘러 먼 곳부터 다녀오고 마지막으로 일월산을 돌아오자고 하였는데 일월산의 절경을 보려면 먼저 가는 것이 낫겠다고 해서 먼저 가기로 하였다. 우리가 가는 도로의 저 먼 곳을 보니 7월 말임에도 산 주위에 눈이 쌓여 있었다. 내가 탄 자동차가 가는 도로가 해발고도가 2,000~3,000m인데 저 산은 얼마나 높은 걸까? 한라산과 백두산 급의 산들이 눈앞 곳곳에 펼쳐지고 있었다. 굽이 길을 차가 가는데 산자락 곳곳에 야크떼가 오르내리고 있었다. 주변 곳곳에 오색 깃발이 매달려 있는 것들이 보인다. 천이 길쭉하게 붙은 건 룽타이고 비교적 작은 천들이 올망졸망 달린 애들은 타르쵸라고 하는데 티벳 문화권에선 어디든 볼 수 있다. 칭하이 여행을 하다보면 이 룽타랑 타루초를 엄청 보게 된다. 처음에는 신기하지만 나중에는 계속 본 여파에 감흥이 없어진다. 드디어 일월산 관광지에 도착했다. 표를 구입하고 나니 추워서 자켓을 입었는데 입에서 김이 나온다.

일월산 비석

사방으로 보이는 풍경은 푸른 초원과 산들이 끊임없이 펼쳐져 있고 산 중턱 곳곳에 구름들이 걸려있었다. 환상적인 이 풍경 정말 한국에서 보기 힘든 모습이다. 걷다보니 입에서 김도 나오지만 숨이 가빠진다. 아 그래서 고산병 약을 먹는구나 싶었다. 번역기를 통해 고산병 약을 검색해서 약국에 보여줬더니 모른다고 했다. 여기서는 고산병을 고원병이라고 한다. 고산병 약을 먹고 계단을 오르니 끝에 큰 야크가 할아버지 한분과 서 있어 사진을 찍고 그 뒤에 있는 오색 깃발 안으로 들어가 보았다. 파란하늘과 함께 바람에 날리는 오색 천들... 추운 날씨와 함께 청량한 느낌을 받는다. 박물관이 있어 들어가보니 티베트 민족 삶의 모습에 대한 전시물이 있다.

일월산 정자 안 비석

박물관 관람을 하고 나와서 다시 차를 타고 움직이는데... 저 멀리 인터넷에서 보았던 문성공주 조각상이 보였다. 이건 왜 안보고 그냥 시나치시? 생각을 했는데 오늘 먼 여정을 가기 위해선 이 정도는 아쉽지만 패스해야 하는 것이다. 이곳에 오기 전 로컬 1일 투어도 찾아봤는데 똑같이 칭하이, 차카염호, 일월산을 보려면 일월산은 버스에서 멀리보고 설명으로 지나가는 경우가 많았다. 문성공주가 티베트 왕에게 시집가면서 일월산을 넘어가는 중 고국을 한참 바라 본 곳에 서 있는 비석이 보였다. 경치가 진짜 예술이다. 고려 시대 몽고 및 조선 시대 청나라에 볼모로 잡혀갔던 우리의 왕자나 공주들처럼 문성공주는 어떤 마음이었을까? 추체험을 해본다. 하지만 문성공주는 티베트로 시집을 간 후 당나라 문화를 적극적으로 전수하였다.

사방이 환상적인 풍경

농사법, 불교 등 티베트 사람들 삶에 많은 도움이 되어 존경받았던 인물이라고 한다. 일월산 비석이 있고 그 앞에는 야크도 있다. 계단이 있어 올라가보니 정자가 있는데 그곳에서 내려다보는 경치 또한 예술이다. 세상에서 가장 좋은 렌즈가 사람의 눈이라고 하는데 이 경치를 카메라에 그대로 담기가 어렵다는 생각이 들었다. 정자 안에는 기념비와 문성공주가 시집갔을 때 이야기를 벽에 타일로 그려놓았다. 어쨌든 원치 않는 혼인을 나라를 위해서 해야 하는 상황이고 집을 떠나 멀리까지 가야 하는 상황인 터라 어떤 마음이었을까 싶다. 일정상 일월산을 못갈 줄 알았는데 직접 이렇게 와서 문성공주가 바라보았다는 그 경치를 볼 수 있어 의미가 있었다. 정자 아래쪽으로 건물이 있어 가

보니 주차장 옆으로 기념품 가게와 화장실이 있었다. 화장실을 둘러보고 바다 같다는 호수 칭하이호로 향하였다.

칭하이 호수와 치카염호

대체 오늘 몇 시에 다시 시닝으로 돌아올 수 있을까? 나름 아침 일찍 출발하였는데 두 곳을 빠르게 보고 오고 싶은데 거리가 멀긴 멀다. 하지만 아침에 서둘렀기에 지금까지는 성공이다.

칭하이로 이동하는 곳에 보이는 식당

생각보다 빠르게 칭하이 호수로 접근하고 있다. 기사님이 저 멀리 바닷가로 보이는 곳을 가리키면서 칭하이 호수라고 하셨다. 어!!! 감동이다. 괜히 대륙이 아니구나. 금방이라도 도착할 줄 알았던 눈에 보이는 칭하이 호수는 기사님이 말씀하신 이후 1시간이 넘어서야 도착할 수 있었다. 원래 이곳을 다니려면 한 번에 500km씩 이동하고 한 곳 보고 또 그렇게 이동을 해야 한다. 그래서 하루에 모든 곳을 보기가 쉽지 않다. 끊임없이 왕복 1차선 또는 2차선의 쭉 뻗은 길을 달려간다. 가는 길에 넓은 초원과 설산이 펼쳐지기도 한다. 이 곳 자체가 해발 고도 2000미터가 넘는 곳이다 보니 설산이 무슨 언덕처럼 바로 옆에 있는 걸로 보인다.

칭하이호 인근 유채꽃 밭

인근에 도착하니 블로그에서 봤던 유채꽃 밭이 보인다. 평균기온이 낮은 이곳 칭하이호는 7~8월이 되면 끝없는 유채꽃 밭으로 유명하다. 특히 여름 기간 몇 달만 볼 수 있다는 유채꽃을 보기 위해 차를 세우고 잠시 내렸다. 유채꽃 안에는 사진을 찍을 수 있는 표지석 또는 칭하이 이니셜 간판, 그네, 하트 모양의 구조물 등이 있는데 들어가려면 입장료를 내야 한다. 들어가서 뒤로는 파란 칭하이 호수, 주변에는 노란 유채꽃, 하트 모양을 한 빨간 구조물, 칭하이호를 나타내는 이니셜 간판을 배경으로 사진을 찍어보았다.

거의 하루 종일 차만 타고 다녀야 하는 일정이라 힘들긴 하지만 이곳을 다녀오려면 어쩔 수 없다. 중국 지도에서 칭하이성은 중국내에서도 서북쪽에 치우쳐 있다. 티베트 고원으로 들어가는 관문이자 2000년대 초까지는 중국내에서 가장 낙후된 도시 중 하나였다고 한다. 칭하이호(青海湖)는 칭하이성(青海省) 내 칭장고원의 동남부에 위치한 중국 최대의 호수이자 가장 큰 염호(塩湖)이다. 예전에는 호수 면적이 4,236㎢에 달했으나 최근 들어 기후변화 등으로 감소하고 있는 상태이며 호수 주위가 360여 ㎞에 달한다. 바다 같은 호수 칭하이호는 서울 면적의 7.5배, 경기도 면적의 절반에 달한다. 2000만 년 전 바다였던 이곳이 지각변동으로 바닷물이 갇히면서 만들어진 함수호이다. 이쪽 인근에 있는 산들은 모두 해발 3,600m에서 5,000m에 달한다.

드디어 도착! 아직까지 10시도 넘지 않았기에 성공한 듯하다. 기사님과 만날 시간을 약속하고 주차장에서 헤어졌다. 외국인이다 보니 옆에서 여권을 보여주고 입장권을 구매했다. 그리고 멀지는 않지만 입구 쪽으로 들어가는 셔틀 자동차를 타고 입구로 향했다. 파란하늘이었는데... 조금은 구름이 껴서 인터넷에서 찾아봤던 그 모습은 아니다. 그래도 날씨가 흐리지 않음을 감사하면서 칭하이호 입구로 들어갔다. 곳곳에 사람들로 가득하다. 호수 저 건너편은 눈에 보이지가 않는다. 마치 바다 끝처럼... 걷다보니 예쁜 스튜디오처럼 칭하이 호수를 배경으로 사진을 찍는 곳이 있었다. 동화 속 버스 및 캔버스 등을 전시해놔 사진을 찍으면 예쁠 것 같은 포토존이 있었는데 돈을 내서 입장해야 하는 곳이라 그곳은 패스하기로 하였다. 호수 안에 심어있는 나무의 나뭇가지가 호수 밖으로 보이고 있고 저 멀리 끝도 안보이는 호수는 정말 바다와 같은 느낌이다. 이곳 대륙은 대체 어느 곳이기에 우리로서는 상상할 수 없는 장소들과 사람들이 많을까? 바이두 지도를 다시 찾아보면서 가운데 칭하이호의 크기를 가늠해본다. 다만 아쉬운 건 잔잔한 물결하늘에 구름이 좀 많이 떠 있어야 하늘이 호수위로 반사 되는데 보이질 않아 아쉽다. 곳곳에서 사진을 찍느라 정신이 없다. 특히 우리나라와 같이 젊은 층들이 각양각색으로 개성 강한 사진을 찍고 중국 사람들이 많이 활용하는 SNS인 웨이보에 올린다. 특히 이곳부터는 칭하이호나 차카염호에 파란하늘이 거울처럼 반사되는 것들의 효과를 극대화하기 위해 여자들이 빨간 망토나 원피스를 사 입느라 정신이 없다. 더 환상적인 장소 차카염호에 가는 것을 생각하면서 칭하이호를 나섰다.

점심을 먹고 가면 시간이 지체 될 것 같아서 칭하이 호수를 빨리 나서기로 하였다. 지도를 찾아보니 차카염호(茶卡盐湖)까지도 시간이 제법 걸린다. 그래도 아침부터 서둘렀고 현재 시간이 늦지 않았기에 안심이 된다. 칭하이호 입구를 나서니 곳곳에 차가 막힌다. 그리고 가다가 차를 도로 한켠에 세워두고 경치를 보는 사람들로 가득하였다. 그래서 차가 막히는 곳도 있고 반대편 차선으로 앞에 차들을 추월하는 차들도 생겼다. 다시 고산지대로 올라간다. 강원도 대관령 옛길처럼 굽이 길들이 보인다. 다만 이곳엔 울창한 나무가 없고 고산 곳곳에 야크 떼가 다니고 있다.

칭하이호

고산병 약을 다시 먹고 휴대용 산소를 마셔본다. 우리나라에서 볼 수 없는 이국적인 모습들을 사진에 담아본다. 차카염호를 본 후 시닝으로 돌아가는 경로를 살펴보니 바로 아래쪽에 고속도로가 있어 시간의 절반을 단축할 수 있을 것 같다. 기사님께 휴대폰의 경로를 알려드렸더니 이따 그렇게 오자고 하셨다. 중국에 와서 여행을 다닐 때 되도록 길에서 오래 정차되어 있는 시간을 최소화하려고 하였다. 커다란 땅에서 이동하려면 오래 걸리는 터라 비용이 더 들더라도 고속열차 및 비행기를 이용하려고 하였다.

부풀어 오른 초코파이

이번에도 일정을 짤 때 비행기와 고속열차를 주로 이용하려 했지만 어쩔 수 없는 부분이 있다. 낯선 장소와 이국적인 풍경이 신기했지만 점점 똑같은 장면들 속에 지루함과 피곤함이 든다. 드디어 차카염호 표시판이 보이는 곳이 나왔다. 곧 도착하겠지라는 기대를 가지면 중국에 대해 아직 잘 모르는 사람이다. 큰 땅이기에 우리의 상식으로 생각해서는 안 된다. 최초 표지판을 본 후 30분 정도를 더 가서야 차카염호가 보인다. 차카염호는 칭하이성 하이시몽골족티베트족자치주(海西蒙古族藏族自治州) 남쪽에 위치한 천연 소금 호수로 차이다무 분지(柴达木盆地) 4대 소금 호수 중 하나다. '차카'(茶卡)는 티베트어로 소금 호수라는 뜻이다. 해발 고도가 3100m인 차카염호는 길이는 15.8km, 폭은 9.2km, 면적은 154㎢다. 차카염호의 소금 저장량은 4.48억 톤으로 염화나트륨 함량이 94%에 달한다. 워낙 중국에서는 유명한 관광지이기에 특히 실크로드를 여행하려는 사람들이 칭하이성 시닝에 왔을 때는 필수적으로 이곳에 들른다. 특히 젊은이들 사이에서는 핫플레이스 지역 중 하나이다. 일단 점심을 먹지 않았기에 인근 중국 식당들이 모여 있는 상가에 주차를 하고 한 식당으로 들어갔다. 보니 기사님이 이곳에 올 때마다 찾는 식당인 듯하다. 두부 철판구이와 브로컬리 볶음 그리고 간단히 밥을 시켰다. 생각보다 조금 시켰는지 더 시킬게 없냐고 종업원이 물어본다. 기사님은 볶음 우육면을 드셨다. 이곳은 회교도들이 많아서인지 시닝에서처럼 머리에 하얀 빵모자를 쓴 사람들이 많다. 그리고 이런 사람들이 운영하는 식당에서는 술을 팔지 않는다. 피곤한 탓에 깜빡 잊고 맥주를 한 병 시켰는데 없다고 이야기를 한다. 가볍게 점심을 먹은 후차카염호 관광지로 향하였다. 주차장에서 기사님과 3시 30분까지 만나기로 약속을 한 후 중앙에 있는 원통형 큰 건물인 관광센터에서 티켓을 구입하였다. 셔틀버스 입장권과 함께 구입을 하는데 의사소통의 혼선으로 시간이 오래 걸렸다. 셔틀버스를 탔는데 꽤 멀리 있는지 15분 이상을 빈 도로를 달리고 있는 중이다.

차카염호

큰 건물들이 몇 개 보이는데 마치 아랍의 건물들 같다. 입구에는 서역을 상징하는 낙타들의 모습을 가진 동상들과 소금 결정체를 지닌 큰 상징물들이 여러 개 보였다. 상가를 지나 기차 모양의 또 다른 셔틀 자동차를 타야 했다. 10여 분을 또 타고 가다보니 탄식이 나올듯한 광경이 눈앞에 펼쳐졌다. 저 멀리 뭉게구름과 소금이 잔뜩 쌓여 있는 곳 그리고 잔잔한 물결에 하늘이 호수 위로 반사 되는 모습들이… 정말 말이 안 나올 정도로 멋진 풍경들이 눈앞에 펼쳐졌다.

차카염호

이곳에는 그 효과를 극대화하기 위해 대부분의 여자들이 빨간 옷을 사 입는다. 전동차에서 내려 염호 안으로 들어가는데 신을 수 있는 장화를 대여해준다. 번거롭기도 하고 다른 사람의 발이 닿았다고 생각하니 꺼림칙하여 그냥 양말을 벗고 맨발로 들어가 보기로 하였다. 데크 같은 곳이 쭉 펼쳐져 있고 걸어

가다 보면 옆쪽에 있는 염호로 들어가 마음껏 사진을 찍을 수 있다. 기차 모양의 형태를 지닌 구조물도 있고 데크의 끝쪽으로는 차카염호라고 써 있는 탑도 있어 배경으로 많이 사진을 찍을 수 있다. 아까 칭하이호도 물론 멋있는 광경이었지만 이곳은 주위의 산과 함께 파란하늘과 구름 그리고 염호와 함께 그림 같은 풍경을 지니고 있었다. 바람이 조금이라도 불면 호수의 물이 흔들리기에 거울 현상을 활용하여 사진을 찍기가 힘들다.

차카염호 안내 표지

이곳에 오기 전에 휴대폰 안에 있는 모든 사진을 클라우드에 업로드를 한 상태이기에 보이는 모든 광경을 카메라에 담아본다. 데크로 올라가 발을 보니 소금이 마르고 난 후의 하얀 흔적들이 발과 무릎 그리고 반바지까지 나 있었다. 데크의 끝 쪽으로 갔는데 반대쪽의 경치가 더 멋있고 사람들이 적게 있어 사진 찍기에 좋은 곳이었다. 사진을 여러 장 더 찍어보고 기사님과 약속한 시간에 가려 서둘렀는데 주차장까지 가는 시간이 꽤 걸린다. 올 때처럼 기차모양의 전동차를 타고 내려서 입구까지 걷다가 다시 셔틀버스를 타고 꽤 시간이 걸려야 약속장소까지 갈 수가 있다. 계속해서 전화를 거시기에 통화도 할 만한 중국어 실력이 아니라서 위챗 메시지 창에 마샹(말 위에 올라탔으니 곧 갈거야라는 뜻으로 시간의 신속함을 나타냄)이라고 연신 이모티콘과 함께 보내놓는다. 3시 30분까지 만나기로 했는데 도착해보니 4시 정도가 되었다. 서둘러 차를 타고 시닝으로 돌아가기로 하였다. 최초에 차카염호 표시판을 본 곳쯤에서 고속도로로 갈 수 있는 분기점이 있었기에 기사님께 말씀을 드리고 의자에 앉아 꾸벅꾸벅 졸게 되었다. 잠깐 정신을 차리고 보니 아까 우리가 오던 언덕길로 차가 가고 있는 것이었다. 고속도로로 갔으면 바이두 지도의 경로를 볼 때 시간을 대폭 단축하여 8시 정도까지는 갈 수 있다고 나오는 것이다. 그런데 기사님이 잊으셨는지 왜 왔던 그 국도로 다시 가시는지 도저히 이해가 되지 않았다. 의사소통이 명확하지 않아서 정확히 물어보지는 못했는데 아침에 서둘러 나온 보람이 없이 가는 곳마다 차가 막히고 왕복 1차선 도로에 꽉 막혀 서로 추월하려고 하는 모습이 조금은 짜증이 났다. 칭하이 호수 입구를 지나고 보니 시간은 7시가 지나 있었고 저녁을 먹을 기운이 없어 일단 빨리 도착해서 먹자고 말씀은 드렸는데 기분이 별로 안 좋으신지 차에서 담배를 피신다. 칭하이에서 일월산쪽으로 꺾어지기 전에 아까 그 고속도로가 이어지기에 그쪽으로 가자고 말씀드렸는데 또 다시 국도로 가시려 한다. 그래서 결국 고속도로에 올라탔는데 기준 속력 이하로 달리셔서 모든 차량들이 우리를 다 추월해서 간다. 심술을 부리는 건가? 정확히 의사소통을 할 수 없기에 국도를 고집하시는 이유가 있나 싶기도 하다. 통행료야 드릴 수 있는데... 시닝 톨게이트에 이르니 병목현상이 나서 한 장소에서 30여 분을 보내게 되었다.

칭하이에서 시닝시내로 들어오는 모습

결국 시닝 시내로 들어설 때는 9시가 넘었고 호텔에 도착해 보니 거의 10시가 다 되어 있었다. 기사님께 식사 못하셔서 어떻게 하냐고 말씀드렸더니 본인은 집에 가서 먹으면 되지만 너는 어떻게 하냐 걱정을 해주신다. 고생 많으셨다고 말씀드리고 위챗으로 돈을 드리고 호텔에 내렸다. 마지막에 조금은 삐끗하긴 했지만 나름 일찍 서둘러 하루에 다 볼 수 없다는 3가지 장소를 다 돌아보고 온 것에 큰 만족을 느낀다. 호텔 앞 편의점에서 사발면과 함께 맥주 몇 캔을 사본다. 아침부터 서둘러 움직이고 힘들었지만 무엇을 이룬 것처럼 기분이 좋다.

시닝(西宁)과 이슬람 사원을 뒤로 하고

시닝은 칭하이성의 성도로 티베트 고원으로 들어가는 관문이다. 300년간 티베트가 지배하며 티베트 문화가 깊이 뿌리내렸다. 현재 이슬람교를 믿는 회족이 거주하고 있어 도심 곳곳에 소수 민족 색채가 짙게 배어 있다. 2000년대 초반까지 중국에서 가장 낙후된 도시로 꼽혔지만 철로가 개통되며 발전하기 시작했다. 첫날 란저우에서 기차를 놓쳐서 시닝으로 온 후 바로 하루를 자야 했기에 보려했던 모스크나 이슬람 사원을 보지 못했다. 아침 일찍 일어나 조식을 먹고 걸어서 시닝역에서 20분 정도 거리에 있는 이슬람 사원을 서둘러 돌아보고자 하였다.

동관청진대사

조식을 먹는데 텔레비전에서 지난번에 가봤던 정저우에 폭우가 내려 사람들이 죽거나 다쳤다는 뉴스가 나온다. 조식을 먹는 중국 사람들은 모두 걱정스레 쳐다본다. 호텔은 시닝역 바로 옆에 있어 찾기에 쉽다. 칭하이 성이나 간쑤성 같은 경우는 소수민족 중 티베트나 위구르족들이 거주하는 곳이 많아 호텔이나 관광지에 외국인들을 입장 못하게 하는 곳들이 꽤 많다. 호텔 앞쪽에 보니 작은 수로가 보였고 대규모 쇼핑센터 들이 있었다. 지하도를 이용하여 길을 건너고 이슬람 사원을 찾아갔다. 표지판이 보여 쭉 걸어가 오른쪽 길로 들어가니 로컬 특유의 모습들이 보이기 시작했다. 내가 가려는 이슬람 사원의 이름은 동관청진대사(东关清真大寺)이다. 중국 서부 지역의 4대 이슬람 사원 중 하나이다. 1380년에 세워진 후 수차례 파괴되고 중건하길 반복했다고 한다. 1392년에 우리나라의 조선이 건국되던 해인데 명나라 건국 시기쯤에 세워진 듯하다. 이 사원은 1만여 명이 동시에 예배를 드릴 수 있을 만큼 규모가 크다. 중국 실크로드 여행을 계획할 때 이런 이국적 풍경에 신기해하던 생각이 났다. 중국 서부 지역에는 소수민족의 모습들이 그들 특유의 전통을 간직한 채 오랜 시간을 지내왔다. 중국다운 모습과는 다른 모습들이 곳곳에 펼쳐지고 있었다. 시안에 갔을 때 고루 옆 골목인 회족거리를 보면서도 이러한 생각이 들지 않았는데 이곳에 오니 신기한 모습들이 많다. 특히 이슬람 사원이 중국에 있을 줄은 생각도 못했다. 걷다보니 이슬람 특유의 동그란 지붕이 앞에 보이는데 공사로 인해 주위를 울타리로 둘러놓은 상태이다. 건물의 사방에 보조 울타리도 쳐놓았다. 아. 조금은 아쉬운 마음이 들어 바로 옆 골목을 돌아 들어가니 시닝에 오기 찾아보았던 야크 요거트나 이곳 전통 복장을 파는 상점들이 보였다. 사원의 반대편으로 가니 문이 열려 있어 들어가 본다. CCTV 카메라가 우릴 지켜보고 있었고 아침 일찍이라 그런지 청소하는 분 이외에는 아무도 안 계신다.

사원 인근 상가

조용히 들어가 안을 거닐어 본다. 사원 건물 자체만 공사를 하는 것 같고 나머지 건물은 조용하다. 사원 안에는 앞으로 햇빛이 들이치는 걸 가리기 위해 파라솔이 있었는데 모두 접어놓았다. 본 건물을 들어갈 수 없어 뭐라고 판단할 수는 없지만 중국 서부 지역의 4대 이슬람 사원 중 하나 정도의 규모라기는 너무 작은 것 같았다. 다시 입구로 나와 사원 주위를 크게 돌아보는데 인근 작은 상점에 있는 분들이 이슬람 전통 복장을 입고 있었고 일부의 상점에서는 양을 통째로 잡아 발골을 하는 모습도 보였다. 빵가게도 있고 양탄자, 이슬람 여자들이 입는 히잡 등 그들 특유의 문화를 유지하고 있는 것이 신기하다. 이슬람 사원을 한 바퀴 돈 후 택시를 타고 시닝역으로 다시 돌아왔다.

짐을 찾아서 시닝역으로 향한다. 3일째 날 한참을 고민했던 장예 지역을 들러 협곡을 본 후 자위관으로 넘어가 하루를 자고 갈지 아니면 두 지역을 모두 본 후 늦게라도 돈황으로 넘어갈지 고민이 들었다.

칭하이 맥주

언제 이곳에 또 올지 모르기 때문이다. 아무래도 역사의 흔적을 좋아하는 나로서는 그냥 자위관으로 넘어가 일정을 소화한 후 늦게 돈황으로 여유있게 넘어가는 것이 좋을 것 같다는 생각이다. 여정을 급하게 수정한 후 미리 발권 받은 기차 티켓을 환불한 후 자위관으로 가는 고속열차에 올라탔다.

9장
만리장성 서쪽 끝 자위관(嘉峪关)

중국의 대동맥 만리장성

자위관(嘉峪关)은 만리장성의 서쪽 끝으로 간쑤성 서북부 회랑지대 중간 지점에 있다. 남쪽에 치롄 산맥의 눈 덮인 산봉우리가 있고 북쪽에는 룽서우 산맥과 마쭝 산맥의 여러 봉우리들이 늘어서 있어 매우 험준한 곳이다.

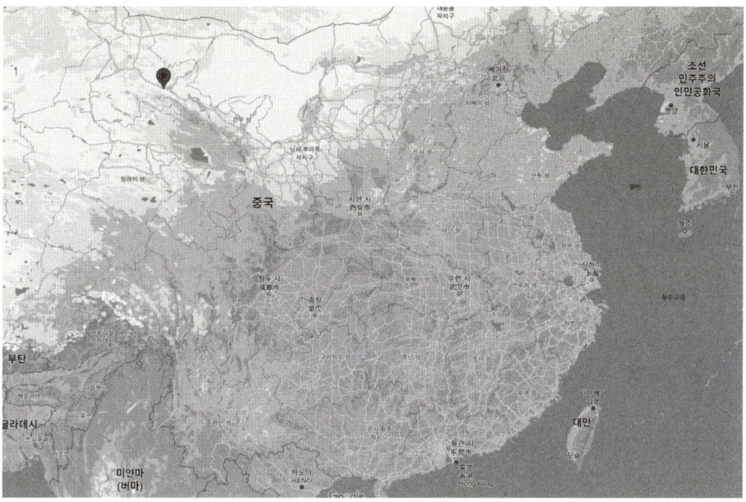

자위관의 위치

예로부터 동서 교통의 요지였으며 실크로드도 이곳을 통과한다. 명나라 때인 1372년(홍무 5년), 지금의 자위관 서쪽에 있는 곳에 성을 쌓아 명나라 장성의 서쪽 맨 끝에 있는 관문 입구가 되었다. 성루 건물이 웅장해서 옛날에는 '천하웅관'(天下雄关)으로 불렸다. 장예의 칠재 단샤 협곡을 포기하고 이곳을 선택하게 된 것은 역사의 현장을 직접 보고 싶었기 때문이다. 무엇보다 중국에 역사를 좋아하는 아들이 만리장성을 보고 싶다고 해서 베이징에 처음으로 갔던 일 그리고 중국에 와서 만리장성 동쪽 끝 산하이관(山海关)에 갔던 기억이 났기에 그 마지막을 알아보고 싶은 생각이 간절했다.

만리장성 서쪽 끝 자위관

저 당시에는 중국의 서쪽 끝이었지만 영토의 확장으로 끝이 아닌 곳. 자위관. 그 현장에 간다니 설렌다. 시닝서역에서 고속열차로 3시간 30분 정도 가니 자위관역에 도착을 하였다. 고속열차가 다니는 대부분의 기차역이 크고 웅장한 편인데 자위관역은 작고 오래된 역이다. 기차에서 내려 역 앞으로 내려와 보니 손님을 기다리는 택시가 잔뜩 있다. 자위관 관련 장소가 3장소인데 택시 기사님과 딜을 통해 3군데 장소를 모두 대절하여 돌아보기로 하고 택시에 올라탔다.

현벽장성과 장성 제1돈

자위관역 앞에서 택시를 기다리는 순서에 따라 택시에 올라탔는데 기사님이 시골 아주머니셨다. 친근한 말투로 물어보시는데 내가 말을 못 알아들으니 란저우에 갔을 때처럼 자기의 억양이 보통어(중국의 표준어)와 틀리냐고 말씀하신다. 한국 사람이라서 잘 못 알아듣는다고 말씀 드렸다. 관광지이기에 3군데 장소를 가격 흥정을 하신다. 적절한 순에서 맞추기로 하고 밥을 아직 못 먹었기에 잠깐 인근 KFC에 내려달라고 하였다. 아주머니는 혹시나 내가 가버릴 것으로 생각했는지 KFC까지 따라 들어오셨다. 앱을 이용하여 햄버거 및 미니치킨을 주문하여 포장하였다.

현벽장성 입구

말도 통하지 않고 묻지도 않는데 호탕한 웃음과 함께 계속 말을 시키신다. 중국의 지역에 문화재가 있는 도시들은 대부분

우리나라의 경주나 전주처럼 작은 중소 도시와 같다. 도시의 한곳에 읍내 같은 곳이 있고 나머지 지역은 다 시골 같은 느낌이다. 이곳 자위관이라는 도시도 그렇다. *KFC*가 있는 곳이 일명 읍내이고 주위로 택시를 타고 나가니 산과 도로 밖에 없는 곳이다.

먼저 가는 곳은 3군데의 장소 중 현벽장성(悬壁长城)이다. 자위관 시내에서 약 10km 떨어져 있는 이곳은 높은 산과 척박한 땅만 보이는 곳이다. 현벽장성에 도착하니 기사님께서 표를 끊는 것을 도와주신다. 내가 가는 3장소를 모두 패키지 입장권으로 구입할 수 있다. 한국 사람이라고 매표원에게 나에 대한 많은 정보를 주시고 있다. 밥을 못 먹은 관계로 매표소 앞에 있는 의자에 앉아 포장 해온 KFC 치킨을 먹었다. 여유가 없는 나에게 여행지에서는 시간이 생명이라 급하게 치킨을 먹어 치우기 시작한다. 쓰레기를 정리하고 입구로 들어가 본다. 베이징에서 봤던 그 만리장성 그리고 산하이관에서 보았던 노룡두와 천하제일관에서 이어지는 장성... 정말 영토의 한 끝에 있는 장성이라는 이미지가 강하다. 아직 휴가철이 시작되지 않아서 사람들로 붐비지 않는다. 현벽 장성에 올라 성벽길을 따라 걸어보았다. 황토를 쌓아 만든 231m 높이의 성벽은 고도 150m에 경사가 45°인 산등성이에 기대어 있다. 현벽 장성은 스관샤(石关峡) 입구 북측의 헤이산(黑山) 구릉지에 위치하며, 자위관(嘉峪关) 군사방어체계의 일부분으로, 명나라 때 자위관의 방어를 강화하기 위해 축조되었다.

현벽장성의 모습

본래 흙성이었는데 1987년 복원하면서 석성으로 복원을 해 놨다. 이 장성을 따라 헤이산을 넘어 반대쪽으로 내려오는 트레킹 코스도 제법 유명하다고 한다. 본래 길이는 1.5km이며, 돌과 황토를 이용하여 쌓았는데 현재는 750m 가량 남았다고 한다. 시간이 많으면 산까지 이어져 굽이치는 장성에 오르고 싶지만 더운 날씨와 함께 주위 경관만 잠깐 보기로 한다. 실크로드로 가는 길목이라 그런지 서역으로 가는 사람들과 낙타의 모형들을 장성 옆으로 세워놓았다.

장성 제1돈

그리고 그 당시 건물 모형들을 일부 세워 놓아 장성만 있는 곳에 여행지 다운 풍모를 갖추게 하였다. 오늘 자위관 3곳을 관람해야 저녁에 돈황으로 갈 수 있어 서둘러 나와 기사님과 차에 올랐다.

택시를 타고 가다보니 사방이 사막이다. 중국에는 내가 현재 살고 있는 한국과 비슷한 다롄 같은 도시도 있고 회교도들이 많은 란저우 같은 도시들도 있고 사막이 이리 많은 자위관 같은 도시도 있고 이 모두를 품고 있는 중국이라는 나라는 볼수록 부럽기도 하고 대단하다. 이 다양함을 조금 더 세련되게 하고 겸양의 미덕을 가진다면 모두가 좋아하고 우러러 보는 나라가 될 텐데 조금은 아쉬운 마음이다. 택시를 15분쯤 타고 가니 입구가 나오는데 이곳이 장성 1돈이다. 기사님과 입구에서 내려서 약속시간을 정하고 들어갔는데 역시 또 셔틀버스가 있다. 셔틀버스로 사막 길에 뻗은 길을 달려 가다보니 오른쪽으로 큰 벽들이 보이는데 이것이 바로 장성의 흔적이다. 다만 우리가 알고 있는 만리장성의 성곽 모습은 아니다. 셔틀버스로 2km 정도 가야 장성의 흔적을 볼 수 있다. 장성 제1돈은, 명대의 만리장성의 서쪽 끝의 의미가 있고, 제1돈이라는 것은 장성의 서쪽에서 첫 번째 봉수대라는 뜻이다. 서쪽 변방에 적이 나타나면 여기서부터 봉화를 올려서 동쪽의 조정에 적의 침입을 알리게 되는 시발점이 되는 의미가 있다. 매표소에서 셔틀버스를 탔을 때 보이던 산들이 가까이 있을 거라고 생각했는데 무척이나 멀리 그리고 굉장히 높은 산이다. 이번 여행에서 봤던 산들은 대부분 2,000~5000m의 산의 모습을 가지고 있는데 그런 산이 인근에 이렇게 많다는 것이 너무나 신기하고 놀라울 따름이다.

장성 제1돈 표지석

셔틀 버스에서 내려준 곳에서 조금 더 걸어가니 지하 쪽으로 내려가는 입구가 있다. 박물관 식으로 해서 자위관 장성들의 옛 사진들과 미니어처 들을 전시해놓았다. 화장실을 들러 밖으로 나와 보니 사막 위에 홀로 서 있는 돈대가 보인다. 이곳은 군사들이 주둔하면서 적의 동태를 살피는 곳인데, 오늘날의 초소의 역할을 한다고 할 수 있다. 이곳이 당시 국경의 마지막이자 첫 초소이니, 여기가 딱 당시 중국의 경계인 셈이었다. 돈대 앞에서 기념사진을 셀카로 찍었는데 중국인 둘이 나에게 사진을 찍어달라고 한다. 그래서 정성껏 찍어준 후 나도 찍어달라고 했더니 휴대폰 카메라 매뉴얼에 한글이 보이는 것을 보고 한궈런?이라고 신기하게 쳐다보면서 물어본다. 돈대와 장성 벽 옆으로 멀리 보이는 눈이 쌓인 산들과 앞에 펼쳐진 척박한 사막의 땅이 대비되어 신기하다. 그 당시 교통이 발달하지도 않은 상황에서 저 험한 산들과 척박한 땅을 극복하고 어떻게 침입을 하고 막아냈는지 그리고 이 길을 돌아 어떻게 서역을 갔는지도 놀라웠다. 사진을 몇 장 더 찍은 후에 다시 셔틀버스를 타고 입구로 돌아왔더니 기사님이 막 차로 도착을 하셨는데 그 짧은 시간에 벌써 영업을 한 건 하고 오셨다. 반전은 넉살 좋은 아주머니 이야기를 들어보니 나보다 7~8살이 어린 듯하다.

자위관 관문

드디어 오늘 마지막 장소인 자위관 관문 주차장에 도착을 하였다. 장성 제1돈대에서 이곳으로 오면서 사막 위로 보이는 자위관 관문은 그 자체로 압도할 만하다. 보통의 만리장성이 산을 둘러싸고 있는 것과 달리 이곳은 평야에 위치해 있는데, 황량한 땅위에 홀로 서 있는 모습이 웅장해 보인다. 한나라 때 자위관 서쪽과 북쪽은 황량한 사막이었고 이민족의 땅이었다. 그 당시는 국경의 요새로 출입국을 관리하고 중국 서쪽 마지막 요새의 역할만 했다. 그러다 중국이 서역과 교역이 많아지면서 분쟁도 잦아지자 명나라 홍무(洪武) 5년(1372)에 성곽 형태의 요새가 건축되었고 이후 20여 차례의 중건을 거쳐 만리장성 서쪽 끝의 제1관문으로 자리 잡았다. 이후 이곳은 중국과 서역이 교통하는 공식적인 통로가 되었고, 실크로드의 중요한 관문이 되었다. 자위관은 명나라 때 세운 만리장성의 서쪽 끝 관문이자 이 관문이 위치한 시의 이름이다. 자위관(嘉峪关)은 아주 훌륭한(嘉) 골짜기(峪) 사이의 통로(关)라는 뜻이다.

천하제일웅관

산하이관에 갔을 때는 천하제일관을 갔었는데 자위관 동쪽 문으로 가면 천하제일웅관(天下第一雄关)이라는 현판이 걸려 있다. 자위관은 2007년 중국 국가 5A급 여유 경구(旅游景区)의 하나로 지정되었고, 유네스코 세계문화유산으로 등재되어 있다. 동쪽 산하이관(山海关)에서 시작한 만리장성은 6350km를 이어져 이곳 자위관(嘉峪关)에서 끝이 난다. 명나라 때까지는 이곳이 중국의 경계였다. 진(秦)나라 때부터 북방의 유목민족을 막기 위해 쌓기 시작한 만리장성은, 실제로 북방민족의 침입을 막는 데는 거의 무용지물이었고, 오히려 중원의 한족 국가는 스스로 만리장성을 넘어설 때 가장 번영했으니 만리장성은 역사의 산물이자 주인공인 셈이다.

자위관 표지석 앞에서 기념사진을 찍는 중국인들

명대 말기에는 이민족을 막기 위해 세운 만리장성의 문을 스스로 열어주어 청나라 군대가 무혈 입성하여 베이징 자금성을 정복하고 청나라를 세우게 된 계기도 되었다.

현재 모습을 봐도 압도하는 모습이 있는데, 옛날 황량한 사막과 광야를 지나 이곳에 이르는 사람들의 모습은 어떨까 싶다. 서역 또는 다른 지역에 나갔다가 돌아오는 중국인들은 드디어 집에 돌아왔다는 안도감을, 서역에서 오는 외국인들은 처음 마주하는 웅장한 중국에 경외감을 느낌과 동시에 압도되는 느낌을 받을 수 있을 것이다. 실크로드를 통해 중국과 교역하는 모든 나라의 상인이나 중국에 공물을 바쳤던 서역의 작은 국가는 반드시 자위관을 통해서만 교류하도록 하였다. 자위관은 교역의 중심임과 동시에 중국 서쪽 끝 국경 지역이어서 투

루판 등 서역 30국과 크고 작은 교전이 많았다. 그래서 이 관문을 3중의 성으로 건축하였다.

주차장에서 내려 입구쪽으로 들어가니 커다란 연못 구연천(九眼泉)이 있다. 이 연못을 지나 노점상들을 지나가 보면 입장하는 곳이 있다. 매표소에서 산 자위관 3장소의 패키지 티켓을 가지고 입장할 때 얼굴을 함께 스캔 해놓았기에 가는 곳마다 표와 함께 얼굴을 스캔해야 한다. 그런데 모자도 쓰고 안경도 쓰니 얼굴 스캔이 잘 안된다. 그래서 여권을 다시 보여준 후 스캔을 여러 번 한 후에 입장을 하였다.

입구 쪽 벽에 새겨 놓은 자위관의 모습

입장하는 곳을 지나 통로를 지나면 자위관을 통과하여 서역으로 가는 모습들이 벽에 전시되어 있다. 오르막길을 걷다보면 자위관의 성곽 모습들과 지붕 모습이 보인다. 우리나라와 비슷하면서도 다른 뾰쪽 내민 처마가 창공을 향해 날아갈 듯 솟아 있다. 장성 내부에는 오지에서 근무하는 장병들이 훈련하는 장소와 그리고 그들을 위해 위문공연을 열거나 즐길 장소들이 있다. 내성 외부는 월성이 둘러싸고 자위관 내성에는 흉벽, 망루, 각루, 갑문루 등 건물 14채가 자리하고 있다. 자위관의 3중 성벽은 모두 높이 10.7m로 건설되었고 곳곳에 망루가 있어서 다른 곳으로 다닐 수 없게 설계가 되어 있다. 자위관은 험준한 지세를 따라 건설되었으며 만리장성의 성문 중 가장 완전하게 보전되어 있다. 조금 더 걷다보니 더위에 지쳐간다. 그리고 보니 더위를 식혀줄 음료나 아이스크림을 파는 매점이 보인다.

자위관 내부의 모습

자위관 모습을 형상화한 아이스크림이 인기다. 하나 사먹어 보고 사진을 찍어본다. 맛은 그냥 그렇다. 만리장성에 의해 둘러싸여 있는 자위관의 동문으로 들어가면 접견실과 사찰이 나온다. 이 앞에 또 하나의 내성이 있다. 내성의 첫 문에는 천하제일웅관이라는 현판이 있고 이를 통과하면, 우리나라 경복궁의 정문 이름과 같은 광화문(光化門)이 나온다.

예부터 서쪽의 자위관(嘉峪关)은 유목민족의 본거지 몽골고원으로 가는 분기점이었기 때문에, 일찍이 교역의 요충지로 발전을 이뤄 왔고, 동시에 실크로드 무역의 이익 확보를 위한 군사적인 기점이기도 했다. 자위관은 만리장성이 있는 국방의 도시로, 자위관까지 이어지는 만리장성은 명나라의 태조 주원장이 옥좌에 있을 때 풍승이라는 명나라 장수가 몽골군을 토벌하기 위해 쌓은 것이라고 한다. 성 안에서 성벽으로 오르는 길은 마도(马道)라고 불리는 경사로가 있다. 마도는 검은 벽돌이 촘촘히 깔려 거친 아스팔트 같았다. 이 경사로를 통해 말을 탄 장수와 병사들이 성벽 위로 쉽게 오르고, 화포와 화약을 운반하기도 쉽다. 옹성 아래로 굴 같은 문을 들어오자 성 안이다. 11미터나 되는 성벽으로 둘러싸인 네모반듯한 공간, 마치 높다란 담장으로 둘러싸인 감옥 같다. 성벽 구조가 한눈에 드러난다. 성벽의 기단은 네모반듯한 석재를 3단으로 쌓았다. 석재 한 개 크기가 길이 2미터에 높이 50cm나 된다. 그 석재 기단 위에 판축토성을 5미터 이상 쌓아올린 것이다. 황토빛 성벽이 그 형태를 온전히 유지하고 있는 이유는 이곳이 고비사막 지역이기 때문이다. 오래 전에 쌓은 토성이 지금까지 남아있는 것은 토성을 쌓고 난 후 일정 거리에서 화살을 쏘아 화살촉이 박힌 토성을 건축한 병사는 죽였다고 한다. 그래서 토성 축조에 사용할 흙에 볏짚과 찹쌀 풀 등을 넣어 견고하게 만들었다고 한다. 지금도 토성 외벽에서는 그때 사용한 볏짚이 들어있는 것을 볼 수 있다.

자위관의 모습

성벽 위에 올라 남쪽을 바라보니 만년설에 쌓인 산맥이 하늘을 가릴 듯이 펼쳐져 있다. 바로 천산산맥의 한 구간으로 중국어로는 치롄산(祁连山)이다. 치롄산의 '치롄'은 흉노어로 '하늘'이라는 뜻이란다. 청나라를 세운 만주족은 당초 만리장성 밖에 살았기에 만리장성을 장애물로 여겼을 뿐만 아니라, 중앙아시아나 몽골 정복에 걸림돌이 되었기 때문에 자위관 역시 주둔하는 군대와 군인 가족들이 떠났고 성은 순식간에 필요 없는 건축물로 변해버렸다.

자위관을 보고 돌아 내려오는데 입장하는 통로와는 반대 방향으로 나가야 한다. 나가는 길에 마오쩌둥의 필체로 써놓은 큰 비석이 있다. 그리고 자위관 장성 박물관이 있는데 늦어서 문이 닫혀 아쉬웠다. 내려오면서 기념품점에서 아들을 줄 기념품을 사고 서둘러 택시를 타고 자위관역으로 가본다. 드디어 실크로드의 도시 돈황으로 간다. 자위관에서 돈황까지는 고속열차로 2시간 30분 정도가 걸린다. 고속열차 밖으로 역시 황량한 사막이 끝없이 펼쳐져 있다. 바람개비 모양을 한 풍력발전기가 수도 없이 저 땅 끝으로 펼쳐져 있다. 피곤함에 나도 모르게 잠이 들었다.

10장
실크로드의 기점 돈황(敦煌)

간쑤성(甘肃省)과 돈황

이번 여행은 대부분 칭하이성에서 머물렀는데 내가 가는 돈황은 간쑤성에 속해 있는 곳이다. 약칭하여 ‘간[甘]’ 또는 ‘룽[陇]’이라고도 부르며, 성도(省都)는 란저우[兰州]이다.

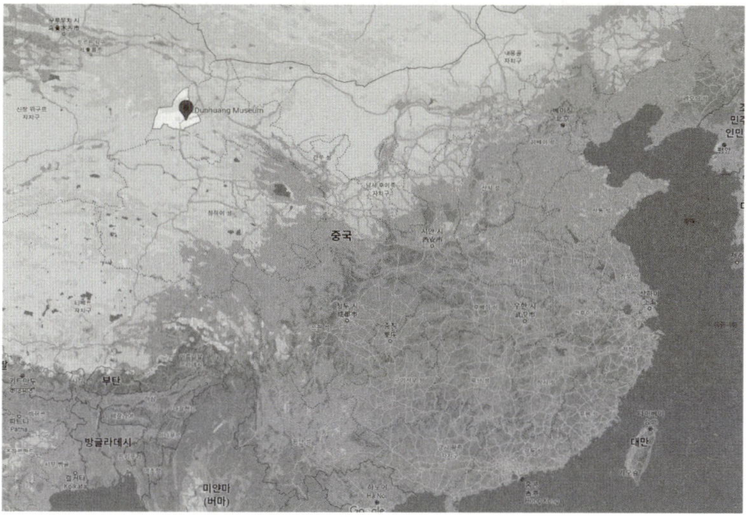

돈황

중국의 서북 지역에 있으며, 북서쪽으로 몽골[蒙古]과 맞닿아 있다. 국경선의 길이는 약 65㎞이다. 지금의 장예인 감주(甘州)와 지금의 주취안[酒泉]인 숙주(肃州)의 첫글자를 따서 감숙(甘肃)이라 이름하였다. 청(清)나라에 이르러 간쑤성[甘肃省]이 설치되었다. 세 번째 날인 오늘은 돈황에서 잠을 자고 내일은 돈황의 몇 장소를 방문한 후 밤에 란저우로 간다. 오늘 내가 가는 돈황(敦煌)은 실크로드에 있는 하서 사군(우웨이, 장예, 주취안, 돈황) 중 마지막 도시이자, 실크로드가 두 갈래로 나뉘는 곳이다.

돈황역

돈황에서 실크로드는 타클라마칸 사막을 맞으며 천산(서역) 북로와 천산(서역) 남로로 나누어진다. 그래서 돈황은 실크로드의 아주 중요한 거점 도시이다. BC 1세기 초에 한(漢)나라의 무제는 이곳을 서역 진출의 전진기지로 삼아 돈황군을 두고 부근에 위먼관[玉门关] · 양관[阳关]의 두 관문을 설치함으로써 돈황은 그 발전의 기초를 마련하게 되었다. 그 뒤 타클라마칸 사막의 오아시스는 중국에서 가장 서쪽에 자리한 변경도시로 변모하고, 서방과의 접촉지를 차지하여 한인 · 페르시아인 · 투르크인 · 인도인 등 여러 종족이 어울려 사는 국제성을 띤 무역도시로 번영하였다. 8세기 말에는 토번(吐蕃)에 의하여 점령당하기도 하였다. 오늘날 돈황에는 후이족[回族]의 이슬람교도가 많이 살고 있으며, 관광객들이 석굴을 구경하러 많이 모인다. 밤 10시가 넘어서야 돈황역에 도착을 했다. 이 역의 규모도 자위관역과 비슷한 것 같다. 역 앞에는 택시가 잔뜩 대기하고 있었고 열차에서 막 내린 사람들이 줄을 서 차례대로 택시를 타고 떠난다. 기사님께 호텔 이름을 말하는데 성조가 맞지 않아 휴대폰으로 호텔의 이름과 위치를 보여주었다. 밤이라 약간은 조심하게 되는데 노년의 기사님이 알아서 택시 미터기로 측정을 하신다. 아직 외곽이지만 밤의 돈황의 모습은 새롭다. 돈황 시내 입구로 들어가니 커다란 구조물이 있다. 늦은 시간임에도 돈황 시내는 아직도 사람들로 가득하다.

돈황 중심지

관광객들이 워낙 많이 오는 도시라 그런가보다. 호텔에 거의 다 근접해 가는데 사람들로 북적이는 곳이 있었다. 아 맞다. 여기가 바로 돈황(敦煌) 사저우 시장이구나.

택시에서 내려 호텔로 들어갔는데 호텔 외관이 너무 훌륭

하다. 로비도 고급스러운데다 친절하고 내일 가기로 한 명사산, 월아천 그리고 돈황 석굴 투어를 신청할 수 있는 안내 데스크까지 있었다. 체크인을 하고 방에 들어가 시장을 가볼 생각이다. 저녁도 아직 못 먹은 상황이고... 호텔의 외관과는 다르게 방의 컨디션이 별로 좋지 않다. 그래도 하루 밤만 자면 되니까... 여권을 챙겨서 호텔 로비의 관광 데스크에 가서 내일 갈 장소에 대한 티켓을 부탁을 하고 여권 복사를 맡겼다. 사주 시장은 호텔에서 걸어서 10분 거리다. 이곳까지 오게 된 것에 대하여 스스로 칭찬을 해주고 싶다. 돈황은 전 세계의 관광객들이 모이는 국제도시 다운 면모가 있는 곳이다. 실크로드의 도시로 전 세계에 알려져 있고 코로나 상황임에도 외국인들이 꽤 많이 찾는다. 중국의 관광지들은 야경 끝판왕인 곳이 많다. 정말 사람들로 불야성을 이루고 있다고 말할 수 있다. 사저우시장은 옛 돈황이 실크로드의 중계지역으로서 왕성한 활동을 했을 때의 흔적이 남아 있는 곳이어서 활기가 넘친다.

돈황 사주 시장

특히 이곳에서는 음식을 늘어놓고 파는 먹자거리가 유명한데, 실크로드 상에서 만날 수 있는 음식들의 총 집합 장소라고 말할 수 있을 정도로 이 지방의 독특한 요리들을 맛볼 수 있다. 다만 여름이기에 위생적이지 못한 부분도 있어 조심해야 할 것이다. 돈황은 행정구역상 간쑤성에 속해 있지만 실제로 신장 위구르 자치구에 가깝기 때문에 음식 역시 신장의 것이 많다. 양고기 등이 많고 주식으로는 쌀보다는 밀가루를 사용한 면 종류가 많다. 또 이 지방의 음식은 대체로 매운 것들이 많아 매운 음식 때문에 고생하는 경우도 있다. 그 밖에도 한쪽으로는 액세서리와 수공예품 및 중국 특유의 과자 종류들도 많이 판다. 음식 코너에서 사먹을까 잠깐 갈등을 느끼다가 반대쪽 입구까지 내려왔는데 우리나라의 회집 같은 해물 관련 식당이 잔뜩 있었고 야외 테이블에서 맥주를 먹는 사람도 있었다. 그리고 식당 분위기에 어울리지 않게 야외 라이브 공연을 하기도 하였다. 반대쪽 입구에서는 호텔이 더욱 가까웠다. 신라면과 맥주를 사가지고 호텔로 들어가 샤워를 한 후 늦은 저녁을 먹으면서 회포를 풀어본다. 내일 가는 곳에 대한 기대감이 다시 높아진다.

명사산(鳴沙山) 월아천(月牙泉)

먹을 것이 그다지 없는 조식을 먹고 로비로 가서 명사산(鳴

沙山)과 월아천(月牙泉)의 티켓을 물어봤더니 공연을 보지 않으면 표를 끊어줄 수 없다고 한다. 진작 그렇게 말했으면 아침부터 티켓을 파는 곳에 갔을 텐데 원망을 하면서 바이두 지도를 검색해서 티켓 파는 곳을 찾아갔다. 호텔 인근에 몇 장소가 있었는데 아직 문을 열지 않은 곳도 있어 결국 제일 먼 곳까지 땀을 흘리면서 걸어갔다. 다행히 오픈을 한 상태이고 아무도 없어 표를 파시는 분한테 표를 미리 예매할 수 있는가 물어보았다. 명사산, 월아천의 경우는 바로 가서 발권 받을 수도 있고 돈황석굴의 경우는 외국인 판매는 하루 한정 되어 있는 표수에 포함되지 않기에 여유 있게 표를 구매할 수 있다고 하였다. 안심이 되면서도 아는 분이 돈황에 와서 석굴을 못보고 가셨다는 말씀을 하셨기에 조금은 불안한 마음이 들기도 하였다.

택시에서 보이는 명사산 모습

호텔로 와서 체크아웃을 하고 짐을 맡기고 택시를 타고 가까운 명사산, 월아천으로 향하였다. 바이두 지도를 보면 호텔이 있는 중심가에서 너무 가깝기에 약간 의아하기도 하였지만 택시 앞쪽으로 모이는 모래산을 보면서 인근이라는 것을 알 수 있었다.

명사산(鳴沙山)은 간쑤성(甘肅省) 돈황시(敦煌市) 남쪽 5㎞ 지점, 바단지린(巴丹吉林) 사막과 타클라마칸(塔克拉玛干) 사막의 중간 지점에 위치한 거대한 용(龙)과 같은 모양의 모래산이다. 명사산은 동쪽 끝 막고굴(莫高窟)에서 시작하여 서쪽은 수이포산(睡佛山) 아래의 당하(党河) 저수지까지 총 40여 ㎞이며 남북으로는 약 20여 ㎞, 최고 높이는 1,715m이다. 명사산의 이름은 모래(沙)가 우는(鳴) 산이라는 뜻이다. 명사산의 사막 바람이 거세어서 바람에 모래가 날리며 나는 소리가 모래가 우는 소리와 같다 해서 명사산이라고 한다. 택시에서 내려 표를 구입하고 화장실에 들렀다 걸어가 보니 장화를 빌리는 곳이 있다. 차카염호에서는 장화를 빌리지 않았지만 이번에는 빌려야 할 것 같다. 주황색의 장화를 빌려 신발 위에 덧신었다. 앞에 펼쳐진 광경이 너무 놀랍기만 하다. 유홍준 교수님의 나의 문화유산 답사기 중국 편과 차이나는 클라스 실크로드 편을 보고도 막상 눈앞에 보는 모습은 너무나 새롭고 인생에서 다시는 보기 힘든 모습이라는 생각이 들었다.

세계문화유산이라는 표지 석에서 사진을 찍은 후에 앞에 펼쳐진 모래 앞으로 걸어 들어간다. 앞에 포장된 길과 안에 모래가 있는 곳이 마치 어린이 놀이터의 모래밭의 경계 같기도 하고 어쩌면 문명과 비문명 지역의 경계 같기도 하다.

명사산 월아천 표지석

모래 위에 바로 커다란 대문과 같은 것을 만들어 놓았다. 눈 앞으로 펼쳐지는 것은 모래산과 낙타의 긴 행렬이다. 그리고 바람에 모래가 날리고 있다. 바로 앞에서 전동 자동차를 타는 사람들이 있다. 그냥 걸어가려고 하다가 보니 바로 옆에 전동차 전용 매표소가 있었다. 중국에서 전동 자동차가 있다는 건 목적지까지 생각보다 먼 것을 말하기에 표를 구입하고 전동차를 타고 안으로 들어간다. 명사산 안으로 들어가면 입구에 수백 마리의 낙타가 대기하고 있고 낙타를 타기 위한 줄도 끝없이 이어져 있다. 마치 버스의 긴 행렬이 줄을 서서 가는 것처럼 낙타의 행렬이 길게 줄을 서서 가고 있는데 그 사이로 전동차와 사람들이 오고 가기도 한다. 자세히 보니 전동차와 낙타의 행렬을 위해서 작은 신호등도 있었다. 명사산 투어를 떠나는 행렬 옆으로 임무를 완수하고 돌아오는 낙타의 행렬이 있다. 임무를 완수한 낙타가 또 다른 사람을 태우기 위해 돌아온다. 낙타의 행렬을 지나 앞으로 가니 아름다운 명사산 모래 언덕 위로 사람들이 줄을 지어 올라가고 있었다. 그냥 올라가는 것인가? 자세히 살펴보니 올라가서 전망을 내려보기도 하지만 신나게 모래 언덕에서 미끄럼을 타는 사람들도 있다. 그러고 보니 호주에 갔을 때 골드코스트 인근 모래 언덕에서 미끄럼을 탔던 기억이 난다.

명사산 낙타부대

전동차에서 내려 언덕 위로 올라가는 사람들의 꽁무니를 따라 위로 올라가 본다. 미끄러지지 않게 헬기용 비상 사다리를 모래 위에 고정 시켜놓았다. 무슨 소용이 있을까 싶었는데 다리가 쑥쑥 빠지는 상황에서 사다리가 미끄러지지 않게 고정을 해주는 역할을 한다. 더운 여름 날씨에 꼭대기까지 올라가는게 생각보다 쉽지 않다. 무엇보다 앞에 사람들이 길게 줄을 서서 올라가는 상황이기에 빨리 가기도 어려웠다. 드디어 꼭대기까지 올라갔다. 조금은 흐린듯 한데 멀리서 내려 보이는 돈황 시내 및 월아천의 모습이 멋있다. 월아천을 배경으로 하여 사람들에게 부탁해 찍은 내 사진은 환상적이긴 한데 꼭 합성을 해 놓은 사진과도 같다.

명사산에서 보이는 월아천

책으로 그리고 영상으로만 봐왔던 이곳에 지금 내가 있다는 게 믿기지 않았다. 무엇보다 중국은 낯선 곳이고 선불리 갈 생각을 하지 않았기 때문이다. 꼭대기에서는 산 위로 전동자동차 등 돈을 내고 액티비티 체험하는 프로그램 등이 있었다. 어딜 가나 중국 사람들의 상술... 역시 대단하다는 생각이 들었다. 가지고 온 물을 마시며 잠깐 쉬고 있는데 명사산 이곳저곳에 빈 pet병이 모래 속에 널려 있었다. 그래도 세계문화유산이고 자신의 역사 문화를 누구보다 아끼는 중국 사람이거늘 이런 모습들이 보인다는게 조금은 아쉽다. 앞에 펼쳐진 월아천으로 가기 위해서 내려오는데 경사가 생각보다 급하다. 잘못하면 굴러 내려올 것 같기도 한데 조금씩 발을 미끄러져 내려오다 보니 요령이 생겨 금방 내려올 수 있었다.

월아천 모습

명사산 옆에 작은 숲이 보이는데 그곳이 월아천이다. 월아천(月牙泉)은 명사산 자락에 있는 길이 200m, 폭 30m 정도의 오아시스인데, 그 모양이 마치 초승달과 같아서 월아천이라고 한다. 월아천은 사막 한가운데에서 거센 모래바람을 수천 년 동안 맞으면서도 한 번도 마르지 않았고 모래에 의해 침식되지도 않았다고 한다. 월아천은 거대한 명사산의 모래 바람 속에서 수천 년을 견디고 있는 셈이다. 월아천 주위에는 중국 특유의 건물이 있는데 이곳은 도교 사원이다. 누각 전체가 바로 옆의 월아천 오아시스와 잘 어울리는 모양새이다. 누각 안으로 들어가니 사람들로 가득하다. 누각 건물 벽면에 대형 모니터를 달아 명사산과 월아천을 홍보하는 영상을 틀어주고 있다. 잠깐 다녀가는 것이지만 이곳에서 여유를 갖고 있다 보면 삶을 관조할 수 있는 신선이 될 것 같다. 가만히 보니 이곳에도 매점이 있다. 사람들이 옹기종기 모여 물이나 아이스크림을 먹고 있는데 자위관에서처럼 해당 장소의 모양으로 만든 아이스크림이다. 화장실에 들러 잠깐 옆에 오아시스를 봤는데 위에서 본 모습과는 다르게 생각보다 큰 호수 같다. 옆의 갈대 군락지 같은 곳이 있어 사진을 찍고 다시 명사산 아래쪽의 전동차 정거장으로 걸어갔다. 입구로 나와 급하게 택시를 잡아탔다. 중국의 3대 석굴을 가기 위해서…

중국 3대 석굴 막고굴

택시를 타고 막고굴로 향했다. 인터넷에서 찾아봤던 이야기가 조금씩 다 달랐고 또 여기 와서 호텔에서 들은 그리고 아침에 티켓 파는 곳에 가서 나눈 이야기 중 대체 어느 것이 진실인지 알고 싶었다. 택시가 막고굴 안 승강장까지 들어가서 내려주었다. 급하게 사람들이 줄 서 있는 곳으로 가니 바로 앞에 매표소가 있었고 그중에 외국인 전용 부스가 있었다. 앞에 적혀 있는 글을 보니 외국인 티켓 금액이 적혀 있고 외국인에게는 해당 언어로 방송을 들을 수 있는 기자재가 제공되는 것 같다. 긴 줄과 치열한 경쟁을 가지고 표를 구매할 줄 알았는데 앞에 2~3 사람 밖에 없었고 여권을 보여주니 위챗으로 표를 금방 구매할 수 있었다. 건물 입구로 표를 보여주고 들어가니 안내하시는 분께서 한국어 전용 안내 방송을 들을 수 있는 작은 기계를 주셨고, 줄에 맞춰 기다려 본다. 내가 들어간 곳이 바로 디지털 센터라는 곳이고 이곳에서 막고굴에 관한 안내 영상 두 편을 봐야 셔틀버스를 타고 막고굴로 갈 수 있다. 영상은 실크로드의 역사 및 돈황이란 도시가 어떻게 형성이 되었는가 석굴을 지은 배경 및 석굴에 대한 설명 등이다.

디지털 센터에서 버스를 타고 가다 보이는 막고굴

영상을 본 후 디지털 센터에서 제공하는 버스를 타고 사막길로 20분 정도 달려 막고굴로 간다.

버스에서 보이는 막고굴의 모습을 사진으로 연신 담아본다. 막고굴에 도착하면 반드시 현장에서 기다리고 있는 가이드의 안내를 받아야 한다. 가이드비는 무료이다. 한국어로 설명해

줄 수 있는 가이드도 있다는 이야기를 듣고 신청하는 곳으로 갔는데 20분 정도 기다리라고 하였다. 20분이 지나니 한국어를 할 수 있는 가이드 분이 오셨는데 조선족이 아닌 한국에서 유학을 한 한족 출신 분이셨다. 캐리어를 디지털 센터에서 맡아 줄 수 없다고 하여 힘들게 가지고 왔는데 가이드 센터에서 맡기고 따라 나서본다. 한국 사람이 없어서 단독으로 설명을 듣는 상황이다. 코로나로 한국 사람들이 예전에 비해서는 많이 오지는 않지만 꾸준히 온다고 한다. 막고굴을 관람할 때 모든 고굴을 공개하지는 않는다.

막고굴의 모습

그리고 가이드를 통해서만 관람을 할 수 있는데 가이드에 딸린 관광객들이 고굴에 들어가 관람을 할 때는 다른 무리의 관광객들과 가이드는 들어올 수가 없다. 앞에서 대기하거나 아니면 다른 빈 고굴을 찾아야 한다. 보통 한번 관람할 때 7개 정도의 고굴을 볼 수 있는데 가이드들이 각 고굴의 키를 가지고 있어서

대기하는 사람들이 없으면 고굴의 문을 잠가버린다. 고굴의 이름은 숫자로 표현하였고 막고굴 내부 불화와 불상은 촬영이 금지되어 있다. 굴 내부 모습은 대부분 비슷한데, 불상이 가운데 있고 좌우와 천장에는 벽화가 그려져 있다. 가장 먼저 들어간 곳은 굴이 아니라 창고 같은 곳인데 돈황 문서가 대량으로 발견된 장경동 문서를 전시하였고, 문서 전시보다는 장경동 문서를 탈취한 국가와 탈취자의 정보가 상세히 나열되어 있었다.

막고굴의 표지석

신라 고승 혜초의 인도 기행문인 왕오천축국전도 장경동에서 발견되었고, 사본이 전시되어 있다. 사막의 돌산 언덕과 절벽에는 불탑과 여러 개의 굴이 보인다. 이 곳 '막고굴(莫高窟)'은 명사산(鳴沙山) 동쪽 절벽에 남북으로 약 1.8㎞에 걸쳐 조성된 석굴 군으로 1900년에 발굴되었다. 일명 천불동으로 불리는 막고굴의 석굴은 약 1천여 개인데, 그중 492개만이 발굴돼 일반에 공개되고 있다. 막고굴에는 중국 문화의 전성기라 할 수 있는 당나라 때 불상 중 걸작으로 손꼽히는 제45굴의 칠존상을 비롯해 제57굴의 보살 벽화, 제158굴의 열반상, 제285굴의 비천도 등이 주목을 받는다. 특히 장경동(藏经洞)이라 불리는 제17굴은 송대까지의 경전이나 문서가 보관되어 있던 곳으로 혜초의 '왕오천축국전'도 바로 이곳 17굴에서 발견되었다.

돈황 공항

석굴의 경우 특히 북위 시대의 것들이 많은데 불상을 볼수록 그 오래전부터 석굴 안에 불상을 만들기 위한 노력들, 그것을 훼손하였거나 가져간 사람들 그리고 그것을 지키기 위해 노력한 여러 사람들의 모습들이 생각났다. 똑같은 공간에서 예전 사람들의 모습들을 머릿속에 그려 보면서 역사는 만들고 훼손하고 침략하고 지키고의 굴레가 반복되고 있다는 생각이 드니 이러한 문화유적들은 언제까지 보존될 수 있을까 하는 생각이 들었다. 지금 관람한 석굴 안의 불상들을 머릿속에 그려보면서 잊지 않으려고 하지만 글로 정리하는 이 시간도 헷갈리는 부분들이 많다. 처음에 갔던 디지털 센터에서 대략 이런 부분들을 영상으로 설명해준다. 숙소로 이동해 인근 한식당을 찾아 저녁을 미리 먹었다. 김치찌개와 참이슬을 먹었더니 한결 마음이 편해진다.

룽먼석굴, 돈황 막고굴을 모두 봤다는 벅찬 마음과 3대 석굴 중 하나인 다통의 운강 석굴도 마저 보고 싶은 마음이 간절했다. 돈황의 양관도 가고 싶지만 명사산, 월아천 그리고 막고굴을 갔다는 벅찬 마음을 가지고 돈황 공항으로 향하였다. 돈황 공항은 생각보다 작았으며 본격적인 휴가철이 아니라 한가한 모습이었다. 너무 서두른 탓에 3시간 일찍 도착을 했다. 너무 한가로운 공항에서 특별한 편의시설이 없어 휴대폰 충전을 하고 안마의자에 앉아 시간을 보냈다. 체크인을 하고 들어간 곳에서 한글판 돈황 책이 있어 구입하려다 만 것이 너무 아쉽다. 비행기가 이륙을 하면서 내려다 보니 사방이 사막이다. 정말 인간은 먼지만큼이나 작은 존재임에도 새로운 곳을 개척하고 문명화시키는 것이 놀랍기만 하다. 내일은 집으로 돌아간다. 아쉬운 마음에 란저우로 가는 비행기에서 잠을 청해본다.

11장
황허의 도시 란저우(兰州)

란저우(兰州)

처음 여행을 시작했던 란저우로 다시 돌아오게 되었다. 란저우 공항에서 란저우서역으로 가는 고속열차가 있다.

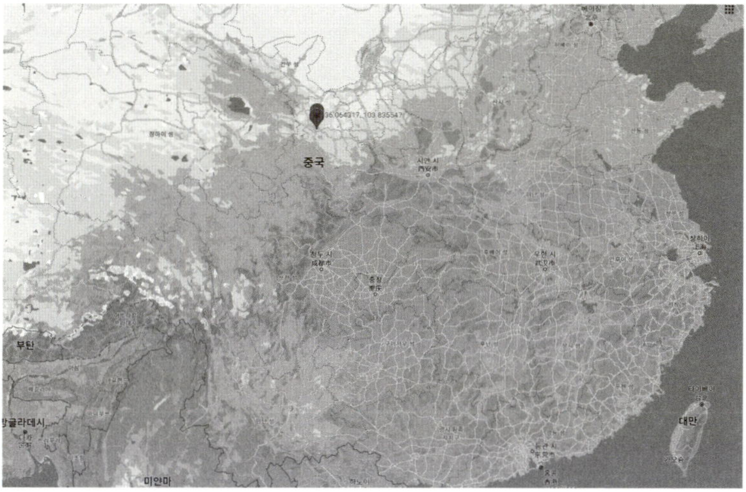

란저우시 위치

첫날처럼 차로 가면 허허벌판과 나무 하나 없는 벌거숭이 산 사이로 1시간 정도 달려야 한다. 그래서 고속열차를 급하게 알아보고 란저우서역으로 가기로 해본다. 란저우역과는 다르게 크고 깔끔한 고속열차 전용의 역 란저우서역! 역에서 나와 보니 신도시처럼 인근에 잔뜩 아파트와 상가를 짓고 있다. 중국에도 요즈음 보면 아파트와 상가를 많이 짓고 있는데 분양이 잘 안되어 공실이 많은 상황이다. 그래서 부동산 경기가 안 좋다. 근래 광저우 헝다 프로축구 구단을 소유한 헝다라는 중국의 부동산 회사가 사정이 안 좋은 것도 그것에 기인한다. 인근에 예약한 호텔이 걸어서 20여 분 걸린다. 아직도 중국엔 코로나로 성과 성을 다니는데 조금씩은 통제가 있다.

호텔 로비에서 보이는 란저우 로컬 거리

내가 예약한 호텔은 아파트와 상가가 둘러 쌓여 있는 곳에 위치해 있었다. 조금은 외지다 생각했는데 가성비도 좋고 시설도 너무 깔금해서 좋다. 천근만근 힘든 몸으로 자기 전에 신라면과 맥주 2캔을 먹어본다. 내일은 란저우 시내를 잠깐 둘러보고 집으로 간다. 처음에는 두렵기도 했는데 어느새 돌아갈 날이 되었다니 아쉽기만 하다. 실크로드를 가기 위해 보통 거쳐가는 란저우는 황허와 란저우 짜장면이 유행이고 황허 유적지로도 꽤 유명하다. 샤워를 하고 내일 여정을 살펴본 후 잠자리에 들었다.

란저우(兰州)는 간쑤성의 성도로 정치, 경제, 문화의 중심지이며 실크로드 거점 도시이다. 란저우는 2,000년 이상의 역사를 지닌 고도로 진나라, 한나라를 거쳐 한때는 토번 왕국(吐蕃王國, 티베트) 땅이었으며 청나라 때 란저우 부(府)로 개칭하였다가, 1941년에 란저우 시(市)로 승격하였다.

란저우서역

현재는 간쑤성(甘肃省)의 성도로 간쑤성의 정치, 경제, 문화의 중심지다. 시내는 해발 1,520m에 위치하며 연평균 기온 11.2℃, 연 강수량은 327㎜에 불과한 온대 대륙성 기후를 지니며, 도시 중심에 황허(黃河)가 흐르고 있다. 란저우는 기원전 1세기부터 천산 북로를 잇는 고대 실크로드의 주요 통로이었으며 당나라 때 장안에서 서역으로 가는 길목에 있는 중요한 도시였다. 현재도 여러 도로와 철도가 만나는 교통의 요충지이며 실크로드 상에 있어 한족 외에 후이족(回族, 이슬람교), 티베트족(라마 불교), 몽골족 등이 어울려 사는 다민족 도시다.

중산교와 바이타산

사실 도착하기 전에는 란저우는 작은 도시, 낙후된 곳이라고 생각했는데 생각보다 큰 도시였다. 란저우역 뒤로 보이던 크고 높은 산에 조금은 놀라기도 했는데 이곳은 평균 해발 1,500m로 여름에도 많이 덥지 않다고 한다. 숙소에서 훌륭한 조식을 먹고 짐을 로비에 맡기고 택시를 잡아본다. 생각보다 잘 잡히지가 않는다. 중산교를 가기 위해 여러 번 도전 끝에 택시를 잡을 수 있었다. 숙소가 있는 곳에서 나와 택시를 타고 가다보니 상가와 함께 강이 보인다. 이곳이 바로 황허이다. 정말 비가 많이 왔을 때 보는 황토색 물이다. 그 말로만 듣던 황허를 이곳에서 보다니 탄성이 나왔다. '물 1말에 진흙 6되'라고 할 정도로 강물에 포함된 진흙의 양이 많아서 토사 함유량으로는 세계 제일이라고 한다. 차가 조금은 막혀서 더디지만 곧 나올 중산교를 계속 기다리게 된다.

중산교 입구

15분 정도 가다보니 사람들이 보이는 중산교가 보인다. 그리고 그 아래 흐르는 황허로는 보트, 유람선도 돌아다닌다.

중산교(中山桥)는 란저우 남북을 연결하는 황하에 세워진 최초의 근대식 다리이다. 1,909년 독일의 자재와 기술로 건설되었으며 이 다리가 생기기 전 란저우 황하에는 20척 이상의 배를 묶어서 만든 부교가 있었다. 그런데 부교는 안전하지 않고 견고하지 않아서 매년 큰 비가 내리면 유실되어 인명과 재산의 피해가 반복되었다.

백탑사 입구

이에 청나라에서는 간쑤성과 란저우 시의 건의를 받아 1,907년 독일 정부의 지원으로 황하에 철교를 건설하기 시작했다. 철교 건설에 들어간 모든 재료를 독일에서 직접 가져와 독일 기술자의 기술 지원으로 1,909년 철교를 완성하고 이름을 란저우 황하 철교라고 붙였다. 이 철교는 황하 위에 건설된 최초의 근대식 다리인데, 1,942년 이름을 지금의 중산교로 바꿨다. 중산(中山)은 청나라 왕조를 무너뜨리고 현재 중국의 기틀을 마련한 신해혁명 때 대총통으로 추대된 쑨원(孫文)의 호다. 중산교는 란저우 황하에 10개의 현대식 다리가 생기고 난 1,989년부터 차량 통행을 금지하고 문화재로 관리하고 있다. 다리 위로는 앞에서 말한 것처럼 사람만이 다닐 수 있다. 다리 위로 걸어가면서 황허 아래를 쳐다본다. 진짜 흙탕물이다. 이 강이 문명의 발원지와 관련이 있다니 신기하다. 저 멀리 위로 보니 산 위에서 강을 건너 반대편까지 내려오는 짚라인도 있는 것 같다. 다리를 건너 목이 말라 노점에서 물을 사먹었다. 그냥 생수는 5위안인데 얼린 생수는 10위안이다. 일반 가게에서 파는 생수가 2위안인데... 관광지라고 생각하고 하나 사본다.

육교를 건너 앞에 보이는 절이 있어 가보았다. 입장료는 없는데 산 아래 있어 인근 지역 사람들의 안식처가 되는 곳이다. 중국 어디서나 볼 수 있는 사교춤을 추는 분들도 계시고 나무 그늘 아래 휴식을 취하시는 분도 계시고 조금 더 올라가니 폭포 분수가 있어 그 위로 어린 아이와 부모가 물장난을 치는 경우도 있다. 워낙 나라 땅이 큰 중국이라 곳곳에 공원이 많다.

도심 속 이런 공간이 있다니 좋다. 이곳이 바로 백탑산 공원이다. 백탑산 공원(白塔山 公园)은 란저우 황하 북안에 있는 흰색 탑인 백탑이 있는 공원이다. 백탑은 원나라 때 몽골에 가서 칭기즈칸을 알현하고 온 라마 불교 승려를 기념하기 위해 세운 탑이다. 계단을 통해 어느 정도 올라갔다 싶었는데 끝없이 올라가야 한다. 아래서 보는 것에 비해서는 생각보다 높다. 사원도 하나 있는 것 같고 다시 또 올라가다 보니 드디어 백탑사가 나온다. 근데 정말 열심히 올라왔는데 백탑사(白塔寺)는 공사 중이라 문을 닫아 놓아 들어가지 못하게 한다. 문 사이로 보이는 틈을 이용해 휴대폰 카메라로 담아본다. 백탑사 계단 아래서 내려 보니 란저우 시내가 너무 훤하게 잘 보인다. 아래의 황허와 그 위로 보이는 중산교 그리고 처음에 보았던 란저우역 근처와 그 뒤의 산도 보인다. 이제 란저우에서 볼 것을 다 보았다. 점심식사를 한 후 호텔로 가서 짐을 찾아 집으로 돌아가면 될 것 같다. 검색을 해보니 걸어서 10분 거리에 한국음식점이 있다.

백탑사

걷다 보니 바로 인근에 시내가 있었다. 백화점도 있고 사람들로 가득하다. 한국 음식점으로 들어가 떡볶이와 순두부찌개와 마지막 나를 위해 대견하다는 마음으로 소주를 시켜본다. 기대도 했고 두렵기도 했고 이루고 나니 신기하고 감동스럽기도 한 이번 여행이었다. 중국 여행은 어디를 가나 다시 못 올 곳이라는 생각이 들어 더 열심히 다녔던 것 같다. 이번 여행은 더욱더 그렇다. 약간은 알딸딸한 상황에서 호텔에서 짐을 찾아 란저우서역으로 가본다.

란저우 시내의 사원

그곳에서 황허 맥주를 마지막으로 하나 먹고 고속열차로 란저우 공항으로 이동하였다. 드디어 나의 실크로드 여행이 끝난다. 아쉬움이 드는 여행이지만 그래도 5일 동안 많은 곳을 다니며 보고 듣고 느낀 봐가 많다. 내 인생에 있어 좋은 자산으로 남을 듯하다. 비행기에서 또 다른 여행을 계획해 본다. 볼수록 은근한 매력이 있는 중국! 넌 대체 정체가 무엇이니?

12장
열하일기 속 청나라 피서산장 청더(承德)

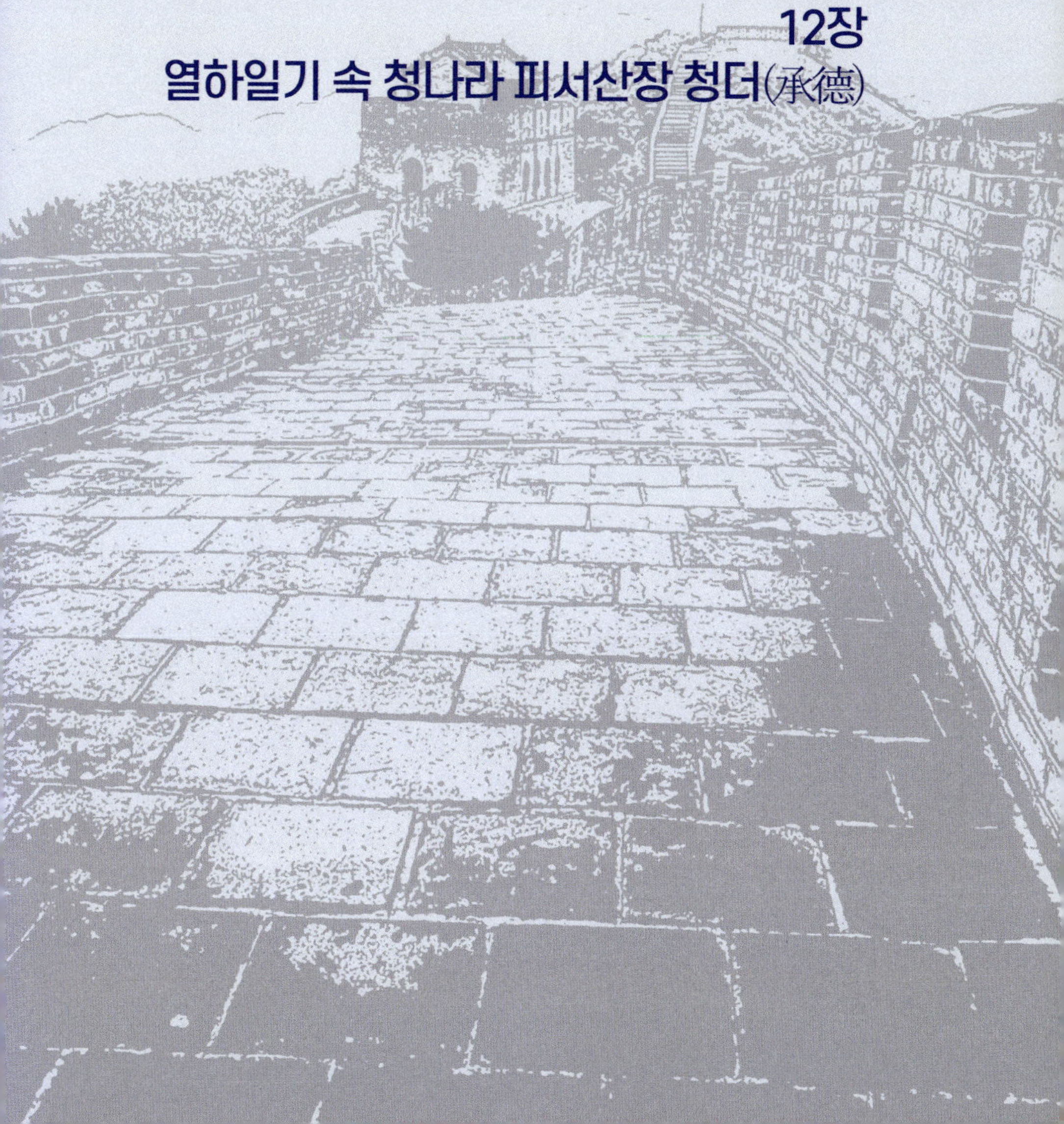

재외에서의 마지막 해

한국을 떠나 중국에 온 지 어느덧 4번째 되는 해이다. 같이 근무하셨던 선생님들은 벌써 한국으로 돌아가신 분들도 꽤 있고 초등학교를 졸업하고 이곳에 온 아들은 어느덧 고등학교 1학년이 되었다.

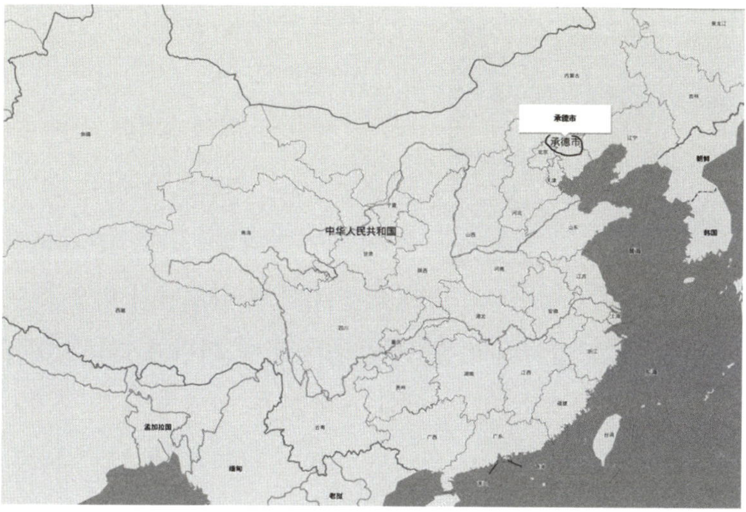

청더지도

시간이 참 빠르다는 것을 실감한다. 코로나 시대에 중국에서 살면서 많은 경험을 하게 되었고 과학 및 의학이 발달했음에도 환경의 오염 및 전염병 등에는 나약한 인간임을 깨닫게 된다.

피서산장의 열하천

세계는 위드 코로나 시기임에도 불구하고 중국은 제로 코로나 정책으로 확진자가 발생했을 때 국제도시 상하이 같은 경우처럼 성 전체를 통제하는 상황이 아직도 생기곤 한다. 젊은 청년층에서는 이러한 방역 정책을 비판하는 경우도 있지만 공산주의 특성상 한계가 있는 듯하다. 2022학년도에도 지난 1학기 50여 일 빼고는 원격수업을 하게 되었다. 이제는 원래로 돌아갈 수 없는 걸까? 청명절, 노동절, 단오절 등의 연휴에도 랴오닝성 밖으로 여행을 할 수 없었기에 여름방학을 맞이하여 어딘가 다녀오려는데 고등학생이 된 아들의 학원 스케줄 등 여행 일정을 잡기가 만만치 않다. 내가 사는 다롄도 여름의 날씨가 비교적 시원한 편이었는데 열대아 현상 등이 생기는 등 기후 변화가 생기는 중인 것 같다. 더운 날씨에 가깝게 부담 없이 갈 수 있는 곳이 어딜까? 원래는 베이징에서 가까운 북위 수도 다퉁을 가보고 싶었다. 다퉁 고성, 베이징 고궁보다 더 크다는 구룡벽, 3대 석굴의 마지막인 운강석굴, 절벽에 기대어 있는 사원 현공사 등을 직접 눈으로 보고 오고 싶었지만 상황이 되지 않기에 검색을 해봤더니... 이전부터 가고 싶었던 청나라 피서산장이 있던 청더(承德)가 다롄에서 고속열차 카오티에로 3시간가량이 되는 것이었다. 다퉁과 마찬가지로 베이징에서 인접이라고 생각했는데... 꼭 가고 싶었던 장소에 생각보다 가까운 느낌에... 기차표를 예매하였다. 다만 48시간 이내 코로나 검사 결과에 대한 기록을 보여줘야 한다.

열하일기의 장소 청더(承德)

열하일기의 장소 청더(承德)는 베이징에서 동북쪽으로 떨어져 있는 허베이성에 있는 도시로 그렇게 번화하거나 큰 규모의 도시는 아니다. 만리장성 북쪽에 위치하고 인근 강의 이름 이름을 따 18세기에는 열하(熱河)로 불리며 청나라 황실의 여름 별궁 피서산장으로 쓰였다. 과거에는 이곳을 비롯하여 인근에 접하는 내몽골 남동부와 요서 이북을 열하라고 일컬었기에 이 모두가 만주 지역에 해당될 때도 있었다. 중국의 모든 나라가 그래왔지만 청나라 역시 북쪽에서 호시탐탐 노리고 있는 몽골에 대한 경계를 강화하고 그 지역의 국경 방어를 굳건히 하기 위해 여러 가지로 주의를 기울였다. 그중 대표적인 것이 베이징에서 350km 북쪽에 있는 초원에 사냥터와 군사 훈련할 장소를 만드는 것이었다. 황제는 매년 이곳에 올 때마다 가족과 후궁은 물론, 관료들과 정예병사인 팔기병(八旗兵)까지 대동했다.

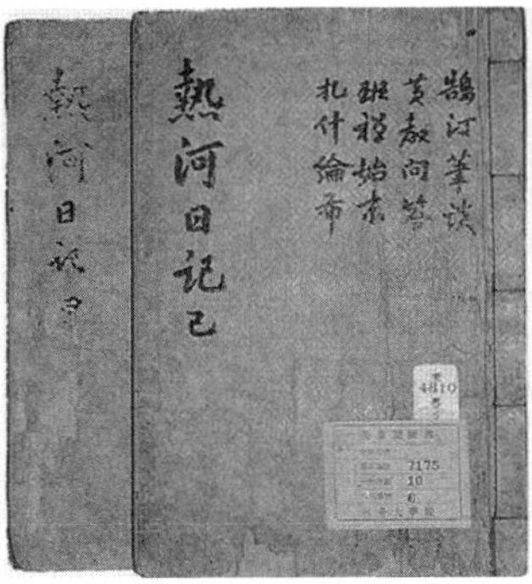

박지원 열하일기(출처: 위키백과)

이 수천 명의 수행단을 수용하기 위해서 황제의 열하행궁(熱河行宮)이라고 알려진 피서산장과 주변 사원 사이에 임시 별궁 21곳을 세워야 했다. 청나라의 전성시대 황제였던 강희제, 옹정제, 건륭제가 재위하는 동안 진행된 건축은 1703년에 착공하여 1792년에 끝났다. 열하일기는 정조 4년(1780) 연암 박지원이 건륭제의 70세 생일을 축하하는 사절로 청나라에 다녀온 일을 적은 여행기이다. 당시 박지원은 공식적인 벼슬이 없음에도 사절단으로 갈 수 있었는데, 당시 사절단 중 하나가 8촌 지간 형이었기 때문이다. 그는 영조의 부마로, 영조가 가장 총애한 딸인 화평옹주의 남편이다. 박지원은 8촌 형의 수행원 자격으로 사절단에 합류했다. 이들은 공식 사신이 아니었기 때문에 상대적으로 활동의 제약이 적어서, 중국 선비들과 교류하거나 유람을 하거나 서적 등을 구입하기도 하였다.

원래의 목적지는 베이징의 옛 이름인 옌징(燕京)이었으나 당시 건륭제가 열하의 피서 산장에 있었기 때문에 결국 열하까지 여정이 계속되었다. 여름의 베이징은 너무 덥기 때문에 장성 너머 북쪽에 황제 전용 여름 별장인 피서 산장이 있다. 황제를 따라 열하까지 간 덕에 그 기록이 〈열하일기〉란 제목이 붙여졌다. 원래 조선 사신단은 건륭제가 옌징에 없다는 소식을 듣자

옌징에서만 있다 돌아가려 했지만, 아직 조선 사신은 한 명도 가본 적이 없다는 말에 결국 열하까지 가게 된 것이다.

피서산장 입구와 티켓

조선의 끝부분인 신의주를 거쳐 단둥, 만주 벌판을 지나 고생을 하면서 여행을 해야 했다. 피서 산장의 크기는 산장이라 불릴만 하게 아담하고 작은 것이 아니고 중국답게 상당히 크고 웅장하고 아름답다. 베이징의 자금성이 웅장하다면, 피서 산장 역시 중국 스케일이기 때문에 크긴 한데 나름 정원과 나무에 아기자기한 면이 있고 궁전보다는 이화원의 느낌에 가깝다. 허베이성 북부의 지급시인 청더에 남은 그 피서산장과 이민족과의 화합을 위해 만든 외팔묘의 티베트 불교 사원은 유네스코 세계문화유산으로 지정되었다.

박지원의 길을 따라

코로나 핵산검사를 받은 후(48시간 이전 검사) 청더행 고속열차를 타기 위해 아침부터 서둘렀다. 다롄에서 청더로 직접 가는 비행기는 없고 베이징을 거쳐 열차로 가는 방법만을 알았는데 검색을 해보니 열차로 직접 가는 방법이 있었다. 하얼빈에서 베이징까지 가는 고속열차가 생기면서 이 구간도 완성이 되었기도 하며 다롄에서 베이징으로 가는 고속열차 노선도 새로 생긴 듯하다. 띠디 차를 호출하여 아침 일찍 30분가량 이동한 후 다롄북역에 도착할 수 있었다. 코로나 이후 중국의 곳곳에서 이동할 때는 검사를 하는 것들이 많아졌다.

다롄북역

행적코드를 통해 다른 곳으로 최근에 다녀온 곳이 없는지, 그리고 지역 건강마(백신접종 및 핵산검사 결과), 그리고 여권, 열차 티켓(근래는 여권을 통해 실물 티켓이 없어도 가능함)을 검사를 하니 신경쓸 부분들이 꽤 많다. 오랜만에 역에 왔더니 티켓을 바꿀 여유가 없어 여권을 인식시킨 후에 역으로 들어갔다. 3년 전 처음 여행할 때만 해도 자국 사람들에 비해 외국인에 대해 불친절한 부분들이 많았던 것 같은데 근래 들어서는 여권을 보여주면 아무 말 없이 들어가라고 하는 경우도 있었다. 아침을 먹고 오지 않았기에 역사 안의 KFC를 찾아본다. 바깥에 비해 가격이 2배는 되는 듯하다. 서둘러 먹고 기차를 타기 위해 플랫폼으로 내려갔다. 내가 타는 열차가 베이징 및 허베이성의 도시를 가기에 관련 건강마를 휴대폰 앱으로 깔라고 역무원들이 크게 떠들어 대고 있다. 매번 느끼는 것이지만 중국의 공항이나 기차역은 크기도 크며 웅장한 면이 있다. 그리고 고속열차 또한 매우 깔끔하게 잘 되어 있다. 3시간 정도를 가야 되기에 앉아서 편의점에서 사온 간식을 먹으면서 창밖을 내다보니 열차가 출발을 하기 시작한다. 이 먼 곳을 그 당시의 서울인 한양에서부터 걷거나 말을 타고 왔다고 생각하니 그들의 고단함이 느껴진다. 여름이라 그런지 여행을 떠나는 가족들로 열차 안이 가득하다. 드디어 청더남역에 내렸다. 고속열차 전용 역으로 시내에서는 조금은 벗어나 있다. 출구로 나와서 택시 승강장을 찾아서 피서산장으로 가자고 해본다. 성조에 맞지 않다 보니 "是哪国人?"이라고 물어본다. 한국 사람이라고 하니 친절하게 말을 걸어준다. 청더라는 도시는 한국의 경주나 공주와 같은 느낌을 받는다. 작으면서 과거 역사 유적지를 통한 관광사업으로 유명한 곳? 역에서 20-30분 정도를 가니 차가 막히면서 중국식 전통 건물들이 나오기 시작한다. 조금 더 가다보니 택시 기사님이 티켓을 파는 장소(售票处)에 내려주셨다. 피서산장의 정문 앞에는 전통 건물들의 모습을 하고 있는 여러 상점들도 있었다. 오래된 만두 전문점과 편의점 또한 있어 음료수를 사가지고 매표소 앞으로 가본다. 시원하다고 들은 곳인데 인간적으로 너무 더운 시기이다. 매표소로 들어가기 위해서는 48시간 이내 검사를 했다는 증빙을 건강마로 보여줘야 한다.

피서산장 입구 앞 도로

허베이성 지역의 건강마가 외국인이 접근하기에 어렵기에 랴오닝성의 건강마를 보여줬는데 이상 없이 입장할 수가 있었다. 중국 관광지의 입장료는 매우 비싼 편이다. 보통은 100위안(19,000원 정도) 이상이 일반적이다. 130위안을 위챗으로 결제하고 표를 받아서 입장하려고 섰더니 정문 앞의 해태상과 세계문화유산 표지석이 보였다. 보면 볼수록 한국, 중국, 일본의 전통문화들은 비슷한 부분들이 많다. 중국의 여러 유적지를 가볼 때마다 동시대 우리나라의 역사와 유적지 모습들이 머릿속에 그려진다. 유홍준 교수님의 나의 문화유산답사기에서는 중국의 문화유산을 볼 때는 항시 그때 우리나라의 역사적 상황과 이에 연관된 우리의 유물유적이 오버랩된다고 이야기하였다.

그리고 중국 문화유산을 깊이 보면 볼수록 우리 문화의 진정한 가치와 자랑이 새삼 일어나게 된다고 하였다. 오늘날에도 중국과 미국 등 강대국 사이에서 어렵게 판단을 해야 하는 한국의 상황을 보면 그 당시 열하로 가던 사신단의 마음은 어땠을까라는 생각도 든다.

피서산장(避暑山庄)

청더(승덕, 承德)는 중국 허베이성(하북성)에 있는 도시로, 베이징 시의 북동쪽에 위치하고 있다. 청더는 청나라 시대 이전에는 거란, 선비, 오환 등 주로 북방의 민족들이 차지하던 지역이었으나 청나라 시대에는 여름 별궁이자 변경의 소수민족을 견제하고 군사기지의 역할을 할 피서산장으로 제격이었다.

피서산장 박물관(피서산장 궁전구)

대규모의 병사를 이끌고 온 청나라 황제들은 여름부터 가을까지 피서 산장에 머물면서 정무를 처리하고, 사냥과 군사 훈련에 집중했다. 여름에서 가을까지는 피서산장에서 지내고 나머지 기간에는 베이징 고궁에서 지냈던 것이다. 피서산장의 역사는 1703년 강희제가 2개의 별궁을 짓기로 결정한 것으로 시작된다. 이후에 1741년 건륭제가 대규모로 정비를 시작하여 1790년에 이르러서야 완성되었다.

피서산장 궁전구 담박경성전

하지만 피서산장은 단순히 청나라 황제들이 피서를 즐기기 위한 목적으로만 지어진 것은 아니다. 중국 대륙에 있던 나라들 중에 가장 큰 영토를 가기게 된 청나라는 중원의 한족 외에도 북방의 몽고, 서남부의 티베트 등 다양한 민족을 지배하는 제국이 되면서 이런 여러 민족들과의 관계를 잘 유지할 필요가 있었다. 여러 민족들과의 관계를 유지하고, 그들의 위협을 막기 위해 피서산장 주변에는 한족 양식이 아닌 티베트 양식의 사원들을 세웠으며, 청나라 황제는 유목 민족의 대표들을 청더로 초대하여 연회를 베풀기도 했다.

피서산장 호구 열하천

청나라 시대에 지어진 청더의 문화유산들은 이전 왕조인 한족이 세운 명나라보다 훨씬 더 많은 민족을 다스리게 된 다민족 제국인 청나라가 만들어낸 이중 지배체제의 유산이라고 할 수 있겠다. 물리적으로는 제압을 해야 하면서도 유화적인 제스처를 취해야 하는...

중국에 있는 동안 최대한 중국의 많은 곳을 다니려 했기에 이곳 또한 내가 꼭 가봐야 할 장소였다. 청나라 황제의 별궁이라는 말보단 북방의 몽고를 견제하기 위하여 군사 훈련을 함과 동시에 청나라 황제가 기거한다는 존재감을 실어주기 위한 장소였다는 것이 매력이 있었다. 더불어 여러 이민족들과의 유화 정책을 위해 인근에 외팔묘 등의 사원을 지었다는 것이 더 매력적이었다.

피서산장 호구 인공호수

피서산장은 크게 황제가 머물고 집무를 보던 궁전구와 명승지와 자연을 테마로 꾸민 원경구로 크게 나눌 수 있다. 원경구는 다시 세 구역으로 나뉘는데, 강남 풍경에 반한 황제가 강남의 호수 모양을 따라 만든 크고 작은 8개의 인공 호수가 있는 호구, 초원 지대의 평원구, 피서산장 면적의 80%를 차지하는 산림지역인 산구로 나뉘어 있다. 표를 구입하고 정문으로 들어갔더니 중국의 규모 있는 건물에 비해서는 노송들과 함께 작은 건물들이 있는데 이곳이 피서산장 박물관이라는 곳이다. 그동안 열하일기의 흔적을 따라 이곳을 찾았던 한국인 관광객이 많았음을 보여주는 한국어 안내판 등이 꽤 있었다. 피서산장 곳곳에 한국어 설명이 더해지니 둘러보기에 어려움이 없어 좋다. 궁전구 내 첫 건물은 담박경성전이다. 담박은 물욕을 버려 사치스러운 생각이 없고, 고요하고 평정한 상태를 이르는 말이고 경성은 성실한 마음으로 덕을 키워 백성들을 편안하게 한다는 덕치의 뜻을 담은 것으로 강희제가 이름 지은 곳이라고 한다. 청나라 황실 물품들을 전시하는 곳도 있고 어느 곳들은 안을 들어갈 수는 없고 유리창을 통해 내부를 보게 해놓았다. 유리 창 안으로 들여다보는데 햇빛으로 인해 내 모습이 비쳐지는 관계로 잘 보이지 않는다. 하지만 간단한 설명과 함께 QR코드가 있어서 스캔하면 VR로 건물 내부의 모습을 살펴 볼 수 있게 해놓았다. 피서산장 입구부터 시작해서 나오는 궁전구는 생각보다 큰 규모는 아니다. 자금성의 고궁에 비해 피서선장에서는 최소한의 집무 및 기거 공간을 둔 듯하다. 궁전구 내 박물관을 둘러보고 나오면 49.6만 제곱미터에 해당되는 호구(호수구역)로 연결된다. 강남 풍경에 반한 황제가 강남의 호수 모양을 따라 만든 크고 작은 8개의 인공 호수가 있는 호구는 배를 타고 호수 안을 오가는 사람들이 꽤 많다. 사람이 직접 페달을 밟아 움직이는 보트도 있고 큰 유람선 같은 보트도 있다. 드디어 오기 전에 여행 블로그 등을 통해서 가장 많이 보게 된 열하천(熱河泉)이 보인다. 열하천 표지석 앞으로 많은 사람들이 사진을 찍는다. 열하는 온천에서 유래된 말로 이곳 호수는 청더의 옛 이름인 열하가 바로 여기서 유래되었다고 한다. 이곳은 겨울에도 얼지 않고 따뜻한 수온이 유지되었다고 한다. 드디어 호구를 지나 평원구가 눈에 펼쳐진다. 워낙 큰 피서산장이라 내부에는 전동차가 다니지만 더 이상 더운 날씨에 움직일 여유가 없었다. 피서산장의 동문으로 나가는 곳 옆으로는 몽골식 피오가 잔뜩 있는데 이곳은 예전 황제가 말 경기를 개최하던 곳이다.

피서산장 평원구 몽골식 피오

몽골식 피오의 내부는 에어컨이 설치되어 있는 상점 등으로 이용되고 있었고 피서산장 공연이 열리는 장소도 있다. 피오 뒤쪽으로는 높은 탑이 보여지는데 이것이 영우사 사리탑이다. 1754년 건륭제가 항저우의 육화탑과 난징 보은사의 장점을 보고 영우사와 탑을 세운 것이다. 영우사는 황실의 불교 사원이었으나 중일전쟁으로 인해 파괴되었다. 뒤로 보이는 높은 산이 있는데 이곳이 산구이다. 처음 여행 계획 때부터 산구에 갈 생각은 없었다. 근데 막상 가까이 가니 높은 산과 그곳에 보이는 성곽들이 보인다. 작은 궁전구는 중국의 스케일과는 다르게 작은 반면 호구, 평원구, 산구의 규모에 압도가 된다. 특히 산구는 피서 산장 면적의 80%를 차지한다고 한다. 그 높이의 차가 180m에 달할 정도이고 중국 동북의 명산들을 모방해서 꾸몄다고 한다. 아무리 황제라 하지만 피서산장으로 지었을 뿐인데 대륙에 있는 이들의 규모와 이러한 건축물을 축조하는 사고방식에 놀라움을 금치 못할 때가 많다. 더운 날씨에 너무 힘들어 피서산장의 일부만을 본 후 동문으로 빠져 나와 다음 장소를 생각해본다.

초원구 영화사 사리탑

"역사가 긴 나라를 여행하는 것은 여러 면에서 매우 흥미로운 일이다.

엊그제 내 위 속에 뭘 집어넣었는지도 가물가물 한 판에

나와 전혀 다른 시대 · 장소 · 상황에서 살았던

수천 년 전의 사람들의 삶을 느껴볼 수 있다니!

모든 역사에는 세 가지 관점이 있다.

나의 관점, 타인의 관점 그리고 진실.

역사책을 통해 타인의 관점을 배우고, 여행을 통해 나의 관점을 알게 되며

그렇게 역사의 당사자들만 알고 있는 진실에 다가가 본다.

평균수명 30~35세를 살고 간 이집트 사람들.

그 짧은 생을 눈부시게 살아내고

몇천 년이 지난 지금의 내게도 자신의 이름을 알려주는 멋진 인간들!

과학은 놀랍게 발전했으나 인간은 되려 퇴보한 것이 아닐까.

– 신문희의 페이스 북 글 중에서 –

외팔묘 앞에서 바라본 산구와 성곽

외팔묘(外八庙)

여행을 뜻하는 영어 단어 트래블(travel)의 어원은 'travail'이라고 한다. 이 단어는 고통, 고난과 그 기원을 함께한다. 여행을 한다는 것은 고통을 겪게 된다는 것이다. 어찌 보면 기억에 오래 남는 여행은 고생을 많이 한 여행이기도 하다. 그래서 여행 하는 것을 '사서 고생'한다고 하기도 한다. 동양의 어원은 주나라의 주역에서 관국지광(观国之光)에서 유래된 말로 다른 지역의 빛을, 문화, 자연, 풍습, 음식 등을 본다는 의미라고도 한다. 위드 코로나의 시대에 한국 또한 여행의 바람이 불고 있다. 중국은 코로나로 다소 위축되어 있지만 경기부양을 위해 성간 여행을 권장하고 있다.

수미복수지묘 앞

피서산장에서 나와 바이두(중국의 포털 사이트) 맵을 켜보니 외팔묘의 대표적인 장소들이 피서산장의 북쪽에 위치하고 있다. 걸어서도 금방 갈 수 있기에 걷기로 하였는데 너무 덥다. 내가 찾아서 가는 외팔묘(外八庙)는 피서 산장을 에워싼 8개의 티베트 불교 사원을 이야기한다. 왜 황제가 기거하는 피서산장 주위에 사원을 만들었을까? 청나라 황제들은 나라에 중요한 행사가 있을 때 외팔묘로 소수민족의 대표들을 초청해 연회와 종교 행사를 개최했다. 대다수의 한족을 지배하는 이민족 정권이면서도 다른 민족들과의 융화를 위해서 그들의 종교를 인정하면서 화합을 꾀할 수 있었기 때문이다. 청나라는 티베트 불교를 황실 종교로 삼고, 티베트의 지도자인 달라이 라마를 황제와 동등하게 대우했다. 황제가 기거했던 피서산장에 비해 외팔묘는 금으로 된 기와로 만드는 등 매우 화려하다. 원래는 12개의 사원이 있었다고 하는데 현재는 8개만 남아 있다. 그 중 가장 대표적인 장소가 보타종승지묘와 수미복수지묘, 보녕사이다. 더운 날씨에 일단은 보토종승지묘와 수미복수지묘를 방문하기로 하고 발걸음을 재촉하면서 걸어갔다.

수미복수지묘(须弥福寿之庙)

수미복수지묘의 비정

외팔묘는 이민족과의 융화를 위해 그들의 종교와 문화를 인정하는 의미가 강하기에 사원들의 건축 양식 또한 보통의 중국 전통 건축물과는 다르다. 당시 국경 인근의 소수민족들은 대부분 티베트 불교인 라마교를 믿고 있었기 때문에 중국 전통 문화재와 다른 티베트 양식의 문화유산을 만날 수 있는 기회이기도 하다. 피서산장을 관람한 후 이동하기 가까운 곳은 수미복수지묘이다. 수미복수지묘에 이어 보타종승지묘를 보고 택시를 탈 예정이다. 종교가 기독교인 사람으로서 주일에 티베트 불교 사원을 찾아 가는 자체가 신기하기도 하여 나도 모르게 웃음이 난다. 수미복수지묘라고 써 있는 도로 표지판을 확인하면서 수미복수지묘 입구로 들어간다.

비정 안의 비석

수미복수지묘는 티베트와 중국 건축 양식이 공존하는 사원으로 청나라 건륭제의 칠순인 1780년에 지어졌다. 건륭제의 칠순을 축하하기 위해 티베트의 지도자, 판첸 라마 6세가 티베트에서부터 청더까지 직접 찾아왔다. 건륭제는 판첸 라마가 청더에서 머무를 공간인 행궁으로서 이 사원을 지어주었다고 한다. 들어가는 입구에는 세계문화유산의 표지석이 보인다. 허베이성의 건강마를 보여달라고 하여 랴오닝성의 건강마를 보여줬더니 입장을 하라고 한다. 매표소에서 여권 번호를 입력한 후 표를 구매하는데 또 다른 외팔묘 사원인 〈보타종승지묘〉와 통합 입장권으로 팔고 있었다. 표를 구매하여 스캔 후 입구로 들어가는데 중국의 다른 여행지에 비해 생각보다 입구가 작았다.

사원의 정문인 산문을 지나면 다양한 언어가 새겨진 비석이 있는 비정(碑停)이 나온다. 이곳에는 높이 8m의 비석이 세워져 있는데 이곳에는 한자, 티베트어, 만주어, 몽골어 등이 새겨져 있다. 그 뒤로 수미복수지묘의 본전이자 티베트 양식의 다홍타이(大红台)가 나온다.

수미복수지묘의 본전 다홍타이

네모진 건물에 작은 창문들이 다닥다닥 붙어있는 모습은 티베트의 중심지 라싸에 있는 포탈라궁과 비슷하다. 건륭제는 판첸 라마 6세가 평소에 거주하던 티베트의 사원 타시룬포 사원을 본따서 지은 것이라고 한다. 수미복수라는 이름 또한 타시룬포의 한자식 표현이라고 한다. '수미'는 고대 인도 신화 세계에서 중심에 있는 산으로, 우리나라에서는 수미산이라고 부르기도 한다. 네모 반듯한 붉은 건물에 똑같은 모양의 창문들이 줄 지어 서 있는 모습은 동아시아 지역에서 보기 힘든 건축물이다. 밀폐식의 바깥 건물을 지나 안으로 들어오면 묘고장엄전(妙高蒋严殿)이라는 건물이 있다. 묘고장엄전 안에는 석가모니상을 비롯한 불상들이 안치되어 있다. 판첸라마가 설교하던 장소로, 8마리의 용이 올라가는 지붕의 가운데로 올라가는 모습들이 독특하다. 생각보다 작은 건물들 사이로 그늘이 형성되어 있어 잠깐 햇빛을 피해 쉬는 사람들로 가득하다. 세계문화유산 건물 곳곳에 80-90년대 모습의 매점이 숨어 있는 것이 신기하기도 하고 정겹다.

보타종승지묘(普陀宗乘之庙)

서둘러 발길을 보타종승지묘로 돌린다. 외팔묘 중 가야 할 곳 한 곳을 고른다면 포탈라궁의 모습을 가지고 있는 보타종승지묘였다. 그만큼 가장 유명한 장소이기도 하다. 수미복수지묘에서 나와 큰 도로로 나가지 않아도 보타종승지묘까지 이어지는 작은 길이 있다. 이곳으로 두 사원을 이어주는 작은 전동차가 다닌다. 보타종승지묘 앞에서도 건강마를 보여달라고 하길래 한국사람이라고 하니 여권과 건강마를 요구한다. 수미복수지묘에서 끊었던 표를 보여주고 입장할 수 있었다.

보타종승지묘 입구

보타종승지묘는 외관이 티베트 라싸에 있는 포탈라궁과 비슷하여 일명 소 포탈라궁(小布达拉宫)으로도 불린다. 뿐만 아니라 외팔묘 중에서도 규모가 가장 크기 때문에 외팔묘 중에서도 꼭 가봐야 할 곳이기도 하다.

보타종승지묘

이 사당은 1767년 피서산장 북쪽에 세워진 것으로, 당시 청나라 황제였던 건륭제의 어머니인 황태후의 80세 생일을 축하하기 위해 세운 것이다. 황실 가족의 기념일을 축하하고, 동시에 다민족으로 이루어진 나라의 안정을 위해 세워진 사원인 셈이다.

보토종승지묘 다홍타이

피서산장 북쪽 산구에서 보면 보타종승지묘의 전경이 보인다. 거꾸로 보타종승지묘에서는 피서산장 산구와 함께 장성들이 보인다. 입구를 통해 들어가면 문이 달린 티베트식 백대(白台) 위에 5개의 알록달록한 불탑이 세워진 오문탑이 나온다. 양옆으로는 코끼리상이 서 있는데 이 다섯 탑은 각각 티베트 불교의 다섯 종파를 가리킨다고 한다. 그래서 각 종파를 상징하는 적, 녹, 황, 백, 흑색의 유리벽돌로 불탑을 세운 것이다. 오문탑을 지나면 하얀색에 막혀 있는 창문모양의 맹창이 그려져 있는 티베트식 건물들이 연달아 나온다.

보토종승지묘 다홍타이

작은 건물들을 하나씩 지나치면 드디어 보타종승지묘의 본전인 다홍타이(大红台)가 등장한다. 높은 위치에 세워진 데다가 높이도 43m에 달하여 먼 곳에서 보면 특히 이 건물들이 도드라져 보인다. 아래쪽은 하얀색 건물에 붉은 맹창이, 윗부분은 붉은 건물에 하얀 맹창이 그려져 있고 가장 꼭대기 부분에는 금빛 기와를 얹은 누각이 세워져 있다. 외벽 가운데에는 층층이 불상이 모셔져 있었고, 외벽 가장 윗부분에도 불상이 줄지어 모셔져 있다. 가운데의 여섯 불상은 건륭제의 60세를, 윗부분의 불상들은 황태후의 80세를 상징한 것이다. 안으로 더 깊이 들어오면 바깥에서 보는 네모난 다홍타이의 모습과 전혀 다른 모습을 볼 수 있다.

다옹타이 주전의 처마

건물 중심부에는 당시에 종교의식을 거행했던 장소나 황제가 소수민족의 지도자들을 접견했던 장소들이 있다. 윗층으로 올라오면 외벽으로 둘러싸인 가운데 공간에 금빛 지붕의 건물이 보인다. 다홍타이에서도 중심 전각인 완파구이이전(万法归一殿)이 있다. 14,000냥으로 도금하였다고 하는데 1층 지붕에 금가루를 긁어 간 흔적이 있다, 일본군이 지붕에 올라서 금을 긁다가 2명이 떨어져 죽으면서 겁이나 중단했다고 한다. 중국과 티베트 건축 양식이 혼재되어 있어서 보는 재미도 있고, 당시 다양한 민족을 다스리던 청나라 역사의 한 부분을 볼 수 있어 신기하다. 햇빛에서는 너무 더운데 그늘에서는 시원한 바람이 분다. 피서산장 산구의 높은 모습과 더불어 멀리 엄지손가락의 모양으로 생긴 경추봉이 보인다. 중국의 오랜 역사 현장을 가까이서 지켜보려 온 서양인 관광객들의 모습이 이채롭다.

열하일기의 현장을 떠나며

내가 근무하는 학교의 고등학생들은 수학여행 장소로 베이징과 더불어 청더를 방문한다. 어릴 때부터 박지원의 열하일기를 많이 듣곤 했는데 청더라는 곳이 어디인지도 몰랐고 그렇게 의미있는 곳이라는 생각도 하지 못했다. 박지원뿐 아니라 많은 사신단들이 중국의 황제를 만나기 위해 대륙을 방문하면서 얼마나 놀랐을까 그리고 어떤 생각을 했을까라는 궁금함이 든다.

보타종승지묘에서 바라본 피서산장 산구

인터넷과 교통이 발달된 요즘에도 베이징 천안문의 태화전을 보면서 그 크기와 화려함에 감탄하게 되고 고속열차로 몇 시간을 가면서 보이는 끝도 없이 펼쳐지는 초원들의 모습에 놀라지 않았을까 생각이 든다. 보면 볼수록 여기 사는 이들과 이곳을 가늠하기 힘들다는 생각도 들었다. 그러면 나도 모르게 다시 우리나라를 생각하게 된다. 여러 나라들 속에 둘러 쌓여 과거부터 지금까지 지리적 상황에서 벗어나기 힘든 작은 우리나라. 그래도 과거부터 지금까지 그 어려움을 잘 이겨내고 선진국의 대열에 들어선 나라… 코로나로 다시 원격수업을 하면서 여러 가지 생각을 해본다.

13장

한민족의 영산 백두산(白頭山)

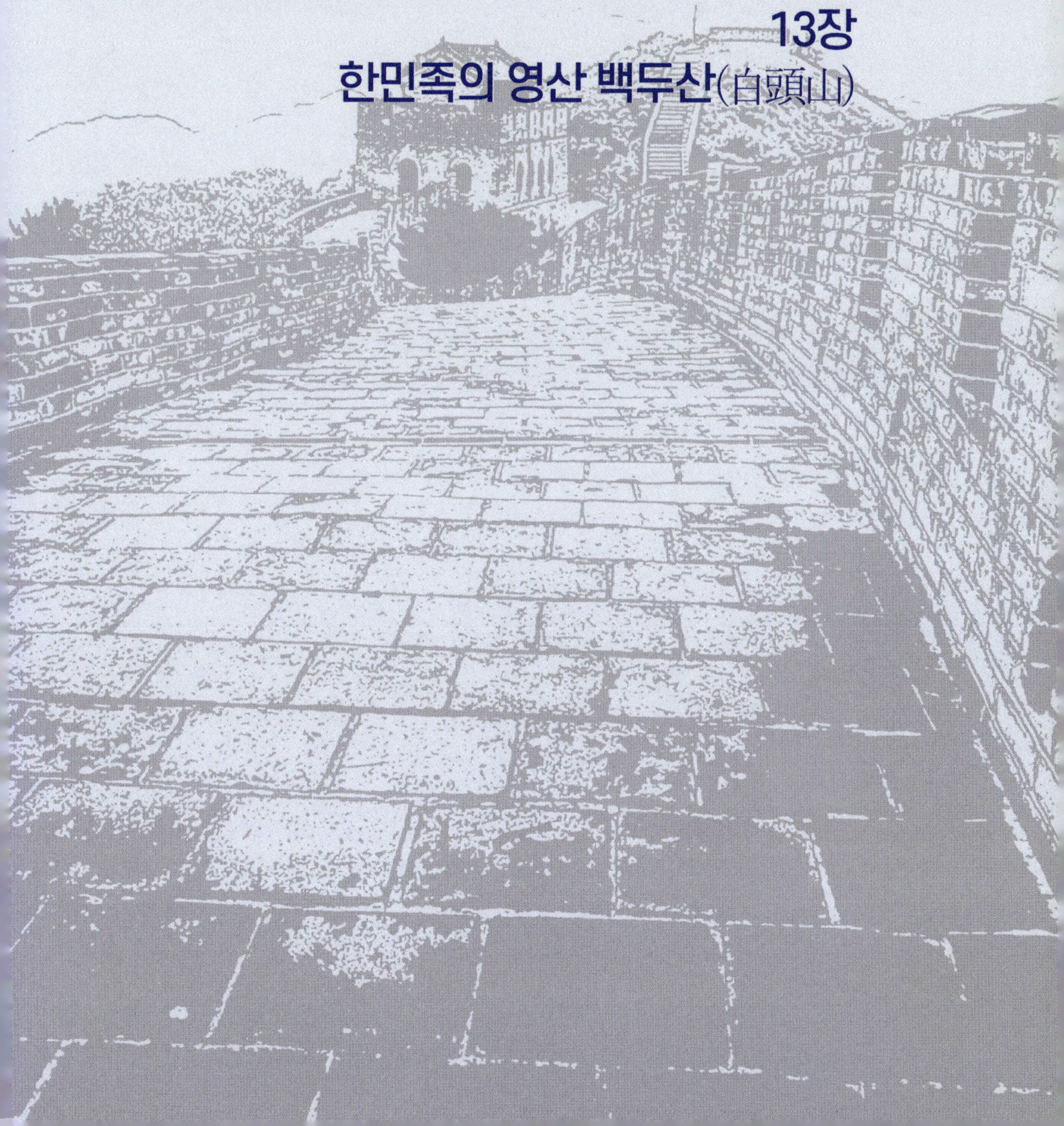

한국이라면 가슴 뛰게 만드는 곳

백두산! 한국인이라면 꼭 한번 올라 보고 싶은 욕심이 생기는 곳이다. 어릴 때부터 한국에서 가장 높은 산으로 듣고 쓴 꼽던 곳이기도 하다.

백두산 천지

화산활동을 하던 곳이기도 하고 북한에 있어 지금은 갈 수 없어 중국을 통해서 갈 수 있다고 하는데... 한국에 있을 때는 가족들과 한 달에 한번 이상은 여행을 다니려 했다. 여름방학 기간에 제주도에서 10일 가까이 보내곤 했는데 특히 가장 기억에 남는 일은 가족들과 한라산을 오르면서 백두산을 이야기하던 부분이다. 기회가 되면 꼭 가보자고~ 막상 중국에 와 여행을 다니면서는 백두산을 가볼 생각을 하지 못했다. 내가 있는 다롄에서 밤기차로 꼬박 12시간을 가야 하는데 막상 가서도 백두산 꼭대기를 오르거나 올라서도 천지를 보기가 쉽지 않다고 한다. 삼대가 복이 있어야 천지를 볼 수 있다는 이야기도 있었다. 보통 가면 인근 지안의 광개토대왕비, 장수왕릉 등 고구려 유적지까지 보고 오는데 가족과 여행을 하기에는 체력적으로 조금은 무리가 있는 것 같아 추진을 하지 못했었다. 저녁시간에 가족과 동네에 있는 작은 산을 산책하는 중에 중국에 막상 와서는 말하지 않았던 백두산을 가고 싶다고 뜬금없이 아들이 이야기한다. 그래 아들이 가자고 하면 여정이 고생스럽지만 생각해봐야겠지? 파란하늘과 함께 천지를 배경으로 가족들과 찍는 사진을 머리속에 그려보면서 여행 계획을 세워본다.

백두산 가는 길

우리의 역사와 관련이 있는 백두산은 한반도에서 가장 높은 산으로, 높이가 해발 2,750m이다. 화산 활동으로 생성된 흔적들이 산을 뒤덮고 있고, 중국인들은 백두산을 '창바이 산(长白山)'이라고 부른다. 백두산 꼭대기의 칼데라 호수인 천지는 하얼빈까지 흘러내려 송화강(松花江)이 된다. 어릴 때는 북한이 중국에 백두산의 절반을 팔아 넘겼다는 이야기도 들었지만 실제로는 중국과 북한이 서로 경계를 나누어 백두산의 60%는 중국 땅, 40%는 북한 땅이 되었다고 한다. 중국을 통해 갈 수 있는 곳은 북파(北坡) 코스와 서파(西坡), 남파(南坡)가 있다. 좀 더 사람들이 많이 몰리는 곳은 북파 코스라고 한다.

인근 기차역 플랫폼 - 침대형 기차

백두산 다녀오신 선생님들로부터 백두산 인근의 한인 민박 연락처를 받았다. 한 곳은 북파에서 가까운 장소이고 다른 한 곳은 서파에서 가까운 장소이다. 백두산을 가려고 이번에 계획하시는 또 다른 선생님들은 다롄에서 고속열차로 6시간 거리의 연길로 이동해서 윤동주 생가를 방문해서 차례로 북파, 서파로 이동해서 오시는 분들도 있다.

침대기차 내부 모습 - 6인용 3등 객실

하지만 우리 가족은 다롄에서 바로 서파로 이동하여 북파를 보고 통화로 이동하여 지안으로 가 고구려 유적지를 볼 생각이다. 고구려 유적에 대해 전공을 하신 교수님께 직접 설명도 들을 기회까지 잡아놨다. 서파의 한인 민박집과 한식 식사를 예약을 한 후 서파에서 가까운 송강하역까지 가는 기차표를 예매했다. 그리고 서파를 본 후 북파 입구까지 가는 차편과… 북파를 본 후 고구려 유적지인 통화와 가까운 집안 인근까지 가는 기차표, 숙소, 올 때는 편하게 오려는 생각에 통화 인근 작은 공항이 있어 다롄공항까지 오는 비행기 티켓까지 예매를 하는 등 만반의 준비를 다 해놨다.

드디어 출발하는 날! 다롄역이나 북역에 비해서 덜 붐비고 거리 상으로 가까운 진저우역으로 기차를 타러 간다. 침대 기차는 처음이라 왠지 낯설기도 하고 그동안 미뤄 놓은 숙제를 하는 느낌의 백두산 여행을 가는 터라 왠지 떨리기도 한다. 진저우역 앞에서 가족과 사진을 찍은 후 기차역 안으로 들어갔다. 기차역 안은 연휴로 인해 사람들로 가득하다. 진저우역에서 송강하역까지 가는 열차는 고속열차가 아닌 일반 기차이다. 오후 2시에 출발해서 다음날 아침 6시 30분 도착하는 기차이다. 좌석은 일반좌석도 있고 침대칸은 6인실과 4인실로 나눠지는데 4인실은 방처럼 문을 여닫을 수 있도록 해놓았다. 침대 기차를 타고 가는 것도 나름 낭만이 있다고 생각했지만 막상 들어가서 본 우리들의 6인실 침대칸은 생각보다 쾌적하지가 못했다. 침대 옆의 복도 간격이 너무 좁아 침대 밖으로 발을 내민 사람들의 발이 삐져나와 있다. 음식을 먹는 사람들의 음식 냄새와 여러 냄새들이 침대 객실 안에 가득하다. 이곳에서 어떻게 16시간을 견딜 수 있을까라는 생각도 들었지만 단념하고 휴대폰과 책을 이용해 잘 지내보기로 해본다. 아까 역에서 봤던 동료 선생님과 아들의 같은 반 친구들이 우리가 머물고 있는 침대칸으로 놀러왔다.

침대형 기차 내부 모습

오랜 기차 시간이기에 싸가지고 온 음식도 나눠 먹으며 담소를 나누었다. 침대 기차는 10시에 소등을 한다. 그렇기에 그 전에 세수나 양치질 등 마무리를 하는 것이 좋다. 우리의 침대 자리는 왼쪽으로 3칸(1,2,3층) 여섯 자리 중 1층과 2층 그리고 오른쪽 1층 자리였다. 아무래도 내가 2층으로 올라가는 것이 좋을 것 같아 올라가려는데 와이프가 2층에 올라간다고 한다. 잠버릇이 심한 나 때문에 배려하는 느낌이다. 불이 꺼져 어둡고 덜컹거리는 기차 안에서 잠이 들려다 보니 아무래도 잠이 오지 않는다. 신기하기도 하고 그동안의 나의 인생 여정까지 생각하게 하는 여유를 준다. 옆자리 아들이 이불을 차내어 덮어주었다. 잠을 자는 둥 마는 둥 하다가 깜빡 잠이 들었는데 어느덧 창밖으로 햇빛이 들어오기 시작한다. 백두산에 오르기 딱 좋은 날씨인 것 같다. 아무래도 북쪽이고 산지에 가깝다 보니 보이는 나무들에 단풍이 짙게 들었다. 왠지 모를 기대감에 일어나 기차 안을 다시 한번 돌아다녀 본다. 한국에서는 만만디라고 불렀던 중국인들은 벌써 일어나 싸가지고 온 음식으로 아침을 먹는다. 가족을 깨우고 가볍게 눈꼽 세수를 한 후에 짐을 챙겨본다. 멀기도 멀지만 아직까지 고속열차가 다니지 않아 힘든 과정을 거쳐야 올 수밖에 없는 백두산을 드디어 왔다니 놀랍기도 하고 감개무량하다. 더군다나 날씨가 좋지 않아 보기 힘들다는 천지도 볼 수 있을 것 같아 들뜨기도 하다. 드디어 서파 인근 기차역인 송강하역에 기차가 선다.

백두산 서파 인근 송강하역

초가을에 산지이다 보니 바람막이 자켓을 입었는데도 날씨가 서늘하다. 드디어 기차에서 내려 플랫폼을 지나 역 밖으로 나갔다. 미리 숙소에서 예약해둔 택시가 역 앞에서 우리를 기다리고 있다. 송강하역은 생각했던 것처럼 크지 않았고 마치 한국에서 시골에만 있는 작은 간이역 같은 느낌? 마중 나온 택시 기사님과 승강장에서 인사를 하고 송강하역 앞에서 가족 사진을 찍어본다. 그리고 택시에 타... 백두산 서파 인근의 풍경들을 스캔해본다. 장백산 민속마을이라고 써 있는 곳을 보면서... 다음날 여유가 있으면 한번 둘러볼까라는 생각도 해본다.

백두산 서파 송강하역 인근

드디어 숙소에 도착해 한인 민박집 사장님과 인사를 하고 숙소를 배정받고 아침식사 시간을 약속한 후 방으로 들어왔다. 빨리 샤워를 하고 허기진 배를 채우고 싶다. 잠깐 누워도 있고 싶고... 방을 고르느라 급했던 마음에 캐리어를 카운터에 두고 왔는데 빨리 가져와서 휴식을 취해야겠다. 3층인 우리 숙소까지 엘리베이터가 없어서 작은 캐리어를 양손에 2개 들고 계단을 여러 개씩 걸었는데... 방 문앞에 와서 어!!! 허리가 지끈 하더니 허리를 세우지 못하고 침대에 주저앉았다. 어찌 이런 일이~~ 가족들도 일시적인 현상인 줄 알고 조금 누워있으면 괜찮겠거니 생각했지만 도저히 일어날 수가 없었다. 여행을 왔으니 가족들에게 아침을 먼저 먹고 오라고 이야기한 후 백두산을 먼저 다녀오라고 하였다. 난 몸의 상태를 본 후 연락을 한다고 하였다... 하지만 하루 종일 숙소에 누워 있어야 했고 내 몸은 정상적인 컨디션으로 돌아올 수 없었다. 백두산을 보고 듣고 느낀 이야기는 우리 아들(대련한국국제학교 10학년 김예찬)의 이야기이다.

백두산 서파 이야기

아빠가 갑자기 아파서 엄마와 나는 많이 놀랐다. 아빠는 괜찮다고 하시면서 일단 엄마와 함께 서파에 다녀오라고 하셨다. 몸이 좀 나아지면 내일 북파를 보고 고구려 유적지 인근으로 넘어가기로 했으니 걱정 말라고 하신다. 민박집 숙소 주인아저씨의 설명을 간단히 듣고 여권과 휴대폰을 챙겨 예약해둔 택시를 타기로 했다. 기차에서 내릴 때는 푸르렀던 하늘이 점점 흐리기 시작했다. 아빠의 몸이 안 좋아 걱정스러운데다가 날씨까지 안 좋은데 천지는 볼 수 있을까라는 생각이 들었다.

서파 매표소에서 천지까지 오르는 버스 안

택시는 백두산 서파 입장권을 파는 곳에서 내려주었다.

우리 민족의 성산인 백두산은, 지리적으로 보면 중국 길림성 동남부에 위치하고 중국과 북한의 경계에 인접해 있다. 백두산을 오르는 코스는 4곳 있는데 중국 쪽에서 서파, 북파, 남파 코스가 개발되어 있고 북한에서 동파 코스가 있다.

서파 버스에서 내려 천지로 오르는 계단 길

이 중 북파 코스가 제일 처음으로 개발되어 여행객이 가장 많이 붐비는 곳이고, 서파는 우리가 흔히 보는 백두산 천지 사진에 가장 많이 등장하는 곳이라고 한다. 남파는 개방을 할 때도 있고 하지 않을 때도 있는 듯하다. 동파는 북한지역이라 우

리가 현재로는 갈 수 없는 곳이다. 백두산의 중국 이름은 장백산으로 한국인들만 많이 찾는 곳이 아니라 중국 사람들도 많이 찾는 관광지이다. 한국 사람들한테는 어릴 때부터 한국에서 가장 높은 산이라고 여겨져 왔고 남북의 분단된 상황에서 중국의 길을 잠깐 빌려 올라간다는 생각이 있지만 중국 사람들은 그렇게 생각하지 않는다. 독도를 바라보는 관점에서 일본과 예민한 부분처럼 중국사람들도 그렇게 생각하는 부분이 있다고 한다.

기차에서 봤던 학교 선생님과 친구들과 함께 매표소에서 여권을 보여준 후 입장권을 받았다. 입장권은 두 장인데 한 장은 매표소에서 정상까지 올라가는 버스표와 다른 하나는 입장권이다. 들어가면 버스가 많은데 이곳에서 버스를 타고 정상 아래까지 올라간다. 금방 올라가다가 등산로에서 내려줄 줄 알았는데 1시간 가까이 올라가는 것이다. 버스 창가로 풍경을 바라보는데 완만하게 오름이 있는 고원지대인 게 티가 난다. 백두산 지역의 울창한 산림들은 한국에서 보던 산과는 또 다른 느낌이다. 도로 옆으로 야생화가 가득하다. 서파 자체가 야생화로 유명하다고 한다. 버스로서 올라갈 수 있는 최종 종점에 도착하면 휴게소가 있다. 매점도 있어서 컵라면과 음료수 등을 파는데 한국 민박집에서 도시락을 싸주어서 엄마와 함께 물만 사기로 하였다. 표지판에 1,442개 계단을 올라야 된다고 표시가 되어 있다. 나이 드신 분들과 몸이 불편한 분들을 위해 돈을 주고 타는 가마도 있다. 오르다가 잠깐 서서 내려 보는데 경사가 그렇게 급한 것 같지가 않다.

백두산 천지

엄마가 힘들어 하셔서 같이 부축하며 올라갔다. 숙소에서 쉬고 계시는 아빠에게 보내드리기 위해 올라가면서 위아래 부분들을 사진을 찍었다. 날씨가 좀 더 맑으면 좋으련만 아쉬운 마음이 든다. 계단에 현재 계단 수가 적혀 있다. 드디어 1,442 계단을 오르면 해발 2,470m의 천지가 나온다. 드디어 말로만 듣던 천지이다.

북한과 중국의 5호 경계비

북파에서는 천지 인근까지 차로 타고 갈 수 있다고 하던데 내가 올라간 서파는 버스에서 내려 계단을 올라야지 볼 수 있는 것이다. 백두산 천지는 참 신비스런 곳이다. 물은 위에서 아래로 흐르는데 폭포 등이 많이 흘러내리는데도 천지의 수면은 그대로라고 한다. 천지는 수면표고 2,188m, 평균 수심 213m, 최고 수심 384m, 수면 면적 9.82평방km, 둘레 14km, 동서 3.35km, 남북 4.55km의 아주 대단한 규모를 가지고 있다. 이 많은 양의 물은 비가 내려서 고이는 것도 있지만 전체의 40%는 지하에서 솟아오르는 것이라 한다.

북한과 중국의 5호 경계비

인터넷 사진에서만 보던 천지를 볼 수 있다는 것이 신기했고 가족들과 제주도의 한라산을 오르면서 백두산도 꼭 가자고 했던 것을 실천할 수 있어서 기뻤다. 아빠도 같이 올라왔으면 좋을 텐데... 천지라고 써 있는 비석 앞에서 친구들 그리고 엄마와 사진을 찍었다. 바로 옆쪽에 탑이 있는데 이곳이 중국과 북한의 5호 경계비이다. 예전에는 북한 땅으로 보이는 곳도 들어갈 수 있다고 하였는데 경계비를 기준으로 울타리를 두어 넘어갈 수 없게 해놓았다. 신기하기도 해서 카메라를 이용하여 비석의 앞부분과 뒷부분을 모두 찍어보았다. 뒷부분에는 한글로 조선이라고 적혀 있었다. 천지의 양옆으로는 화산의 흔적들이 남아 있다. 여러 감흥과 함께 사진을 찍고 계단을 따라 내려오면 다시 버스가 있는데 각 장소별로 내리는 곳이 따로 있다. 우리는 중간에 내려서 협곡을 따라 걸어왔는데 그곳이 금강대협곡이라고 한다. 협곡의 아래로 흐르는 강이 압록강으로 흘러내린다고 한다. 다시 버스를 타고 우리는 상가들이 많은 곳에서 내렸다. 그곳 인근에는 스키장도 있고 호텔도 꽤 있었다. 어느새 날씨가 어두워진다. 그곳 식당에서 엄마와 저녁을 간단히 먹었다. 아빠와 백두산을 같이 올라갈 수 있었으면 좋으련만... 아쉬운 마음이 가득하다. 숙소 아저씨에게 연락을 해서 택시를 타고 숙소로 돌아왔다.

아쉬움에 돌아오면서

백두산 앞에까지 가서 이렇게 몸이 아프리라고는 생각도 못했다. 가는 과정이 힘들기에 중국에 올 때부터 백두산을 꼭 가야되겠다는 생각은 꼭 없었는데 아들이 가보고 싶다고 했기에 마음을 먹고 간 것이었는데 아쉬운 마음이 가득했다. 무엇보다 가족들이 걱정을 하게 해서 미안한 마음이다. 1년에 여름이든 가을이든 가족여행으로 제주도를 꼭 가곤 했다. 가족들과 한라산을 오르면서 중국에 가면 백두산을 가자고 했는데 이런 변수가 생기다니... 아쉽지만.. 그래도 가족들이 천지를 오르고 볼 수 있었기에 감사한 마음이다.

천지의 모습

가족들이 숙소로 돌아왔다. 군대에 있을 때 다친 허리가 컨디션이 안 좋으면 꾸준히 아파온다. 상태를 살펴본 후 내일 북파를 보고 고구려 유적지를 위해 통화로 가려 했는데 지금 상태로는 가기가 어려운 것 같다. 일단 다음날 아침 일어나면 상황을 보기로 했는데 여전히 걷기가 어렵다. 북파로 가는 차편, 북파 인근 이도백하 역에서 통화까지 가는 기차편, 통화에서 숙소, 통화에서 지안까지 가는 차편과 가이드 해주시는 교수님, 통화 공항에서 다롄 공항까지 오는 비행기편을 아침 일찍 사정을 말씀드리고 취소하기 시작했다. 민박집 사장님께는 이곳의 의료시설이 마땅치 않으니 다롄으로 돌아가서 치료를 받는 게 좋을 것 같다고 말씀하신다. 아는 분께 부탁을 드려 저녁에 출발하는 기차편을 급하게 예약을 했다. 저녁에 기차를 타고 출발하면 내일 오전에 다롄에 도착한다. 무엇보다 광개토대왕비, 장수왕릉, 국내성 등 고구려 유적지에 갈 수 없음에 아쉬운 마음이다. 다시 한번 건강에 대한 중요성을 깨닫게 된다. 무엇보다 우리 땅을 다른 나라 땅을 통해 올라갈 수밖에 없는 현실이 마음이 아팠다. 백두산에 오를 수 있는 기회가 다시 있겠지?

/지은이 소개/

김현진

인천광역시교육청 관내 구도심, 도서지역, 신도시, 연구학교, 교생실습학교 등에서 20년을 근무하며 교무, 연구, 실습 등 보직교사로 근무한 초등학교 교사이다. 학생의 삶과 배우는 내용을 연결 짓는 과정을 소중히 여기고 있으며 그 밖에도 교사로서 관심을 갖고 있는 분야는 초등교육과정, 사회과교육, 민주시민교육, 역사교육, 인성교육, 창의융합교육 등이다.

교육부 단위의 창의인성교육 수업모델 개발위원, 교육과정 성취기준수준 적합성검토위원, 전국 교육과정 핵심교원, 서술형 평가문항 핵심교원, 인터넷 및 게임중독예방교육 자문위원, 사회과 교과용 도서 검토위원, 기초학력진단검사 기준설정위원, 역사 현장 답사 자문위원, 행복교육 모니터단, 중앙교육연수원 강사 등의 활동을 하였으며 인천광역시교육청 초등교육과정 편성 운영지침 개발위원, 교육과정 심의위원, 배움중심수업지원단, 교과서연구회 자문위원, 진로교육지원단, 학업성취도 문항 개발위원, 세계시민선도교사, 특별연구교사, 인천교원연수원 1급 정교사 자격연수 강사 및 튜터위원 등으로 활동하였다.

한국교육개발원 교육정책 자문위원, 한국교육학술정보원(KERIS) 에듀넷 교사지원단, 사이버가정학습 진단처방시스템 평가문항 개발위원, 한국과학창의재단 STEAM 교육 자료 개발 연구원, 창의교육아카데미 컨설팅 및 자문위원, 한국교원단체총연합회 한국교육정책연구소 교과전문 연구위원, 출판 자문위원, 역사교육연구소 연구원을 역임하였다.

카이스트 과학영재교육원 교육동향 자문위원, EBS 모니터링위원, 4개 교육청 교과용 도서 개발위원, 서울특별시교육청 어린이도서관 역사교육 강사, 재외동포재단 한국사 컨텐츠 개발위원, 비상교육, 티처빌원격연수원, 한국교원캠퍼스에서 창의융합교육자료 등을 개발하였으며 현재도 초등사회교과연구회, 초등역사교육연구회를 운영하고 있다.

등재학술지에 지속가능발전교육 등에 관한 학술논문을 집필하였고, 한국교육개발원 교육개발지, 한국교과서연구재단 교과서연구지 등에 세계교육동향 및 현장교육을, 한국교육신문사, 교육포털 교육플러스, 에듀프레스 등에 교육칼럼 등을 연재하였으며 단행본으로는 『사회과 창의인성교육의 설계와 실제』, 『창의인성교육을 위한 교과별 수업 설계하기』, 『다양성과 차이를 존중하는 다문화교육의 이해와 실제』, 『초등 역사수업 디자인하기』, 『초등사회과수업 디자인하기』, 『인성중심 배움수업 이야기』, 『교과서로 만나는 역사체험 이야기』, 『선생님이 들려주는 중국 속 역사이야기』 등을 집필하였다.

현재는 재외한국학교에 대한 관심으로 중국대련한국국제학교 교사로 근무하고 있으며 동반 휴직한 아내와 사랑하는 아들 예찬이와 중국 대륙 곳곳을 기행하며 문화체험하고 있는 중이다.

해외한국학교

초등교사가 만나는 중국 역사 문화 이야기 2

2022년 10월 15일 1판 1쇄 인쇄
2022년 10월 20일 1판 1쇄 발행

지은이: 김현진
펴낸이: 한정주
펴낸곳: 교육과학사

경기도 파주시 광인사길 71
전화: (031) 955-6956~8 팩스: (031) 955-6037
Home-page: www.kyoyookbook.co.kr
E-mail: kyoyookbook@daum.net / kyoyook@chol.com
등록: 1970년 5월 18일 제2-73호

정가 17,000원

ISBN 978-89-254-1728-8

Printed in Korea.